行動と意識　Ⅰ

：実在論に基づく認識様式

中井　孝章

日本教育研究センター

目次（CONTENTS）

序

　世の中には，生まれたときは健常者であっても，人生の途中で，病気や事故などで障害を負って障害者になった，いわゆる中途障害者がいる。伊藤亜沙は，中途障害者について次のような，興味深い見方を示している。

　「健常者としての記憶が刻まれた体で，障害のある体を生きる。これが，彼らの体が二つあるように見える原因である。『多重人格』ならぬ『多重身体』。一つの物理的な体の上で，健常者の体と障害者の体が重なり，固有のパターンを作り出す。まさに記憶が生み出すハイブリッドな体である。

　別の言い方をすれば，それは体の内部に差異を持つことを意味する。……ここではＡさんという一人の人の中に身体Ａ₁と身体Ａ₂が共存し，そこに差異が生まれている。」[伊藤亜沙，2019：12]

　伊藤がいみじくも述べるように，中途障害者（Ａ）においては，健常者としての身体（Ａ₁）と，障害者としての身体（Ａ₂）が，各々，固有のパターンを形成しつつも——差異を持ちながらも——，一つの人の中に共存しているのである。

　本書は，障害者について述べることを目的とするものではない。ましてや，障害者の中でも特別な立ち位置にある中途障害者について述べるものでもない。にもかかわらず，ここで伊藤の障害者についての捉え方を取り上げたのは，筆者が本書で「行動」と「意識」を論述するにあたって役立つからである。

　もしかすると，障害者でも中途障害者でもない私たちは，生まれてこの方（生来），二つの，異なる身体を生きられているのではなかろうか。筆者自身，解離を研究していることもあって，「多重人格」について語ることには違和感を持つが，「多重身体」という捉え方には賛同している。

　伊藤の顰みに倣えば，私たち人間の誰もが，無意識的な行動をする身体と，

意識的な行動をする身体という二つの「多重身体」を生きられていると考えられる。しかも，後述するように，この，二つの身体は，共存しつつも，常時，自在に切り替わっているのだ。この，二つの身体は，各々，私たちに無意識的な行動，意識的な行動を起こさせるのである。

　筆者は，伊藤の，中途障害者についての独自の捉え方から，私たち人間のすべてがビルトインしている，二つの，異なる身体独自の働きと共存を考えるに到った。本書では，この，二つの身体が各々行う「行動」と「意識」を中心に，従来の認識論の問題点を指摘するとともに，M.ガブリエルの新実在論を援用しつつ，新たな認識様式についての理論もしくは世界了解の様式についての理論を展開することにしたい。

Ⅰ．無意識的な行動と意識的な行動

　稲見昌彦は，「機械によって拡張された能力を，人が自由自在に扱える」［稲見昌彦：2021：6］という「自在化技術」の開発に基づく，自在化身体プロジェクト（超感覚，超身体，幽体離脱・変身，分身，合体という研究テーマ）を立ち上げる中で，人間の基本的な認識様式について次のような，興味深い考え方を述べている。

　「かつて私は，一人の人物が複数の機械を同時に制御することは困難だと思っていた。最近になって考えを改めた。我々人間自体に，自動機械さながらの無意識の行動と，意識的な行動を自在に切り替える能力があることに気づいたからである。アクシデントが起きたときはもちろん，意識して注意を振り向けることでも，我々はオートマティックな行動から意識的な行動，いわば意識による『マニュアル性』に自在に切り替えることができる。

　言葉を換えれば，我々の身体の中には自動的・自律的に動作する『ロボット』がいる。最初は転んでばかりだった自転車にだんだん乗れるようになって，最後は意識しないで運転できるようになるのは，練習を繰り返すことで身体の中に『ロボット』を作り上げているからである。

　怪我の後のリハビリなども同様である。身体の中のオートノマスな部分が壊れてすべてを『マニュアル操作』しなければならない状態から，訓練によりオートマティックに動ける能力を再び身に付ける行為がリハビリだといえる。

　『歩きスマホ』をしているとき，人の身体は自動的に動いている。このような無意識の行動と意識的な行動の範囲を，人は自在に切り替えることができる。」［同前：18-19］

　以上，引用した稲見の，人間の基本的な認識様式を筆者なりにまとめると——彼の自在化身体プロジェクトとは別の形でまとめると——，次のようにな

る。

　第一に，歩きスマホからわかるように，一人の人間は「複数の機械」，すなわち「歩く」という身体の中の「ロボット」と，「スマホをする」という意識による「マニュアル操作」を同時に制御することができるということである。つまり，私たち人間は，「歩く」という自動的な，無意識の行動を行いながらも，「スマホをする」という意識的な行動へ切り替えることもあれば，反対に，「スマホをする」という意識的な行動を「歩く」という無意識の行動へ切り替えることもあるのだ。そのことは，私たち人間が，自動的あるいは自律的な，無意識の行動と，意識的な行動（マニュアル行動）といった二つの能力を自由自在に切り替えているということを意味する。

　第二に，自動的な，無意識の行動は，私たち人間にとって身体の中の「ロボット」と呼ぶべきものであり，一般には技能・わざや習慣に相当する。たとえば，自転車に乗ることは，幾度にも及ぶ訓練によって，意識による「マニュアル操作」から自動的・自律的な，無意識の行動へと変化し，私たちの身体の中に「ロボット」が作り上げられる。一方，一旦，身体の中に作り上げられた「ロボット」であっても，それが，手足の骨折などによって壊れたとき，リハビリによって自動的，自律的に動ける能力を再び習得するためには，意識による「マニュアル操作」をしなければならない。このように，私たち人間の身体の中の「ロボット」は，自動的・自律的な，無意識の行動の集合体なのである。

　第三に，稲見の人間の基本的な認識様式について瞠目すべきなのは，無意識の行動をする身体と，意識的な行動をする身体，すなわち「二重身体」の「自在の切り替え」を明示したことである。裏を返せば，従来，私たちは，人間の認識様式をひとつの「意識」や「心」の中で統一的もしくは統合的に捉えてきた。こうした統合的な「意識」や「心」が原因で，私たちは，二つ（以上）の異なる身体が自在に切り替わっていることに気づかなかったのである。後述するように，私たち人間は，無意識の行動と意識的な行動をその都度その都度，気づかないうちに自在に切り替えながら，世界とかかわっている。裏を返せば，

従来，統合的な「意識」や「心」を前提としてきたからこそ，「認知的不協和」や「自己欺瞞」というような，さまざまな矛盾や背理が生じたのである（これについては，［中井，2019］を参照されたい）。

第四に——これはかつての，J.ブルーナーの「進化的道具主義（evolutionary instrumentalism）」［Bruner, 1966=1968：43］の現代版である，稲見の，道具による人間能力拡張論にかかわる問題点であるが——，自動的な，無意識の行動はともかく，意識的な行動もしくは意識による（身体の）「マニュアル操作」については，その言葉からもわかるように，あまりにも基本的な認識様式の記述にとどまっている。そのことは，自在化身体プロジェクトの趣旨からすれば，妥当なものである。ただ，それでも，私たち人間は，意識による「マニュアル操作」とは異なる，高次の意識を持ち，意識的な行動をしている。つまり，意識には，「マニュアル操作」には収まらない，高次の意識および自己意識がある。したがって，筆者なりに稲見の，人間の基本的な認識様式を再編すると，次のようになる。

一つ目は，自動的・自律的な，無意識の行動と，意識による「マニュアル操作」，および相互的な自在の切り替えである。

二つ目は，自動的・自律的な，無意識の行動と，意識的な行動，および相互的な自在の切り替えである。

筆者は，意識的な行動と，意識による「マニュアル操作」を区別した上で，前者を「意識的な認識」，後者を「道具的な認識」と各々を規定することにした。ここで，「意識的な認識」とは，言葉，概念，記号・数による高次の意識的な行動を，「道具的な認識」とは，身体をはじめ道具（物）による意識的な行動を，各々意味する。「意識的な認識」と「道具的な認識」を明確に区別することは，困難であるが，強いていうと，「道具的な認識」は，私たち人間がある目的を遂行するために，身近な身体・物を手段として用いることを意味する。たとえば，私たちが手紙を書くために，手とペンと便箋を用いる場合である。これに対して，「意識的な認識」は，私たち人間が何らかの問題を言葉や

5

概念，記号や数式によって思考したり議論したりすることを意味する。

　以上のことから，筆者は，「無意識的な行動」と「意識的な行動」という二つの層の区分，および「道具的な認識」と「意識的な認識」という二つの意識の区別と，これらのあいだでの，相互的な自在の切り替えという捉え方を見出した。そのことをまとめたものが，後で提示する図１である。

　一見，こうした人間の基本的な認識様式は，ごく一般的なものにしかみえないが，実は必ずしもそうではない。あらかじめ述べると，これまでの認識論の誤謬は，こうしたシンプルな真理を見逃したことに基因している。

　ところで，筆者は以前，ここまで述べてきた認識様式と類似したことを提示したことがある。それは，人間の基本的な認識様式に相当する，人間の世界了解の様式（モード）を，「行動」と「意識」といった二つに分けて考えるというものである。むしろ，これまで述べてきた認識様式は，「行動」と「意識」という新たな観点から再編したものである。次に，筆者の世界了解の様式についての考え方を要約した上で，前述した人間の基本的な認識様式と照合することにしたい（両者を照合する都合上，以前，公表した筆者の世界了解の様式は，ほぼ，当時の原文のままにしている）。

１．視覚認知の経路と世界了解の様式

　日常，私たちは世界（他者や事物など）とさまざまなかかわりを通して，世界を了解している。こうした世界了解の様式を大きく分けると，動物と共通する了解のタイプと，動物とは差別化される人間独自の了解のタイプがある。私たち人間における二つの世界了解の様式のうち，前者が「行動」に，後者が「意識」に各々対応する。しかも，これら二つの世界了解の様式を駆動する原理もしくは（それを）方向づける起源を，視覚認知の二つの経路，すなわち「腹側視覚路」と「背側視覚路」に求める。

　最初に，なぜ世界了解の様式が視覚認知（の経路）に規定されるのかという

と，それは，私たち人間にとって視覚を通してインプットされる情報量がとてつもなく大きく，その影響が甚大だからである。ただ，いま述べたことは正確なものではない。私たち人間にとって視覚が最重要な感覚である理由は，次の通りである。

「クロスモーダル効果（cross-modal　effects）」という有名な脳科学の知見がある。「クロスモーダル効果」とは，五感を通して生体にインプットされる情報がボトムアップ処理されるその一方で，脳の中では，特定の情報がトップダウン処理されるといった状況で，五感のうち，視覚からインプットされた情報が他の諸感覚よりも優先されることから，生体が本来，感じていない情報を錯覚する現象のことである。つまり，各々の感覚器官から情報が脳にインプットされるとき，脳は，視覚からの情報を最優先してしまうのである。その結果，実際とは異なる刺激を感じやすくなるのだ。

クロスモーダルの典型的な事例として，かき氷のシロップがある。周知のように，かき氷のシロップは，どの色であろうと，同じ味の成分からなる。ところが実際には，かき氷の味は，シロップの色が違うだけで異なるのだ。これは，脳が視覚を優先することによって生じる錯覚にすぎない。これ以外にも，クロスモーダル効果の事例は，多々ある（ビジネスで多用されている）。

裏を返せば，私たち人間の認知や判断に脳が介在する限り，クロスモーダル効果を避けることはできないのである，思いの外，視覚は最重要で影響力の強い感覚なのである。

さらに，視覚認知が世界了解の様式に与える影響は，クロスモーダル効果だけにとどまらない。その影響は，過去に記憶された視覚情報，すなわち脳の中に保存された視覚情報にもみられる。外から目を通して視覚情報がインプットされると同時に，それと類似した，過去に記憶された視覚情報が無意識的に引き出され，両者が編集・統合されるのである。そうしたことからも，視覚の影響は強大なのである。

その証左として，緑内障で視神経が損傷することで本来，目には見えていな

いはずの物が脳の働きによって補正され，見えてしまうことを挙げることができる。目で見える物は，すでに脳によって編集された映像なのだ。五感の中でも，視覚と脳のかかわりは密である。視覚とは，脳における視覚であるといっても過言ではない。これが，クロスモーダル効果に加えて，視覚認知が世界了解の様式を規定することの根拠である。以上のことを踏まえて，あらためて視覚認知と世界了解の様式の橋渡しを行うことにしたい。

　以上述べたように，視覚認知が世界了解の様式（「行動」と「意識」）を駆動するとして，前者と後者の橋渡しを行う上で手がかりとなるのは，視神経科学者，藤田一郎の，視覚認知についての考え方である。藤田は，視覚性運動失行などの視覚失認を挙げながら，次のように述べている。

　「『見る』『見える』というのは一種類のできごとではないということである。まず，第一は，『見たものが何であるかがわかる』という過程と，『見たものに対して働きかける』という過程は別であり，脳の別の場所で担われているのである。前者の機能，視覚認識の機能には側頭葉が関係しており，後者の機能，視覚にもとづいた行動には頭頂葉が関与している。……もう一つのポイントは，知覚意識と行動の乖離が起きているということである。」［藤田一郎，2013：49-50］総じて，「見ることにおいて，『ものが見えるという主観的体験が生じる』ことと，「見ることに『依存して行動を起こす』ことが独立に起こりうる」［同前：61］わけである。

　ところで，「見たものが何であるかがわかる」は，腹側視覚路の働きであり，「見たものに対して働きかける」は，背側視覚路であるが，前者の，視覚認識，すなわち意識の機能は，主に側頭葉でなされ，後者の，視覚行動，すなわち（環境に適合した）行動の機能は，主に頭頂葉でなされている。図式的に整理すると，「腹側視覚路＝視覚認識＝意識＝側頭葉」対「背側視覚路＝視覚行動＝行動＝頭頂葉」となる。

　再度述べると，本書では，視覚認知の二つの経路が起源となって，私たちの二つの世界了解の様式，すなわち「行動」と「意識」へと普遍化される理路を

8

述べる。つまり，二つの視覚認知の特性は，それを起源もしくは発端として，二つの世界了解の様式へと拡張される。前述したように，視覚における二つの経路は，世界了解の様式を決定するのだ。藤田は，さまざまな視覚認知の障害を通して，背側視覚路と腹側視覚路の矛盾・齟齬を端的に「意識と行動の乖離」と述べているが，それが意図するのは，視覚認知が世界了解に普遍化されるということではないかと考えられる。

　こうして，「行動」と「意識」という二つの世界了解の様式を規定するのは，脳における視覚認知の二つの経路なのである。では次に，あらためて，この二つの経路をはじめ，視覚認知が世界了解の様式へ拡張される理路について述べることにしたい。

　ところで，私たちが物を見る仕組みと，世界（物や他者）を認知（認識）する仕方には，大いなる関係がある。それは，目と脳の関係と言い換えてもよい。神経科学もしくは視神経科学の一般書によると［篠原菊紀，2019：36-39，176-179］，私たちが物をみる仕組みは，およそ次のように説明することができる。たとえば，私が机の上に置かれた物（ペン）を見て，それがペンだと認識できるには，さまざまな過程を辿る必要がある。

　まず，私は机の上にある物（ペン）を見るが，それは光の情報である。私が物を見るには，光を媒介しなければならない（周知のことであるが，真っ暗闇では視覚情報を獲得することができない）。そして，光の情報が網膜上の視細胞（桿体細胞，錐体細胞，光感受性網膜神経節細胞）によって感知されて，それは電気信号へと変換される。そして，電子信号は視神経を経て，感覚情報の中継点である視床（視覚情報の場合は外側膝状体）へと送られて，後頭葉まで伝送される。脳の後頭葉にある一次視覚野（V₁）では，こうして視神経から伝送されてくる電気信号を受け取るとともに，その電気信号は，視覚情報（特に，物の輪郭）を処理・統合する。視覚に関与する後頭葉すべて，頭頂葉，側頭葉，総じて大脳皮質視覚野の最大の入り口は，後頭部にある一次視覚野（V₁）であり，網膜の出力神経線維のほとんどは，視床の外側膝状体という場所を経由し

て，一次視覚野（V₁）に到達する。一次視覚野は，自ら処理した視覚情報を視覚連合野へ送り，そこで視覚情報を，色，明るさ，形（輪郭），動き等々と分析し統合する。ただし，視覚連合野で情報処理する細胞は，視細胞，すなわち目（網膜）から伝送されてきた細胞の二割程度にすぎず，情報処理の大半（残り八割）は，高次脳，すなわち記憶や認知を司る大脳皮質からのものである。つまり，視覚連合野は，脳に記憶されている過去の視覚情報を中心とする，視覚情報処理を行うのだ。そして最後に，脳は，これらの情報を頭頂連合野で統合する。その結果，私はいま見ている物がペンであることを理解するのである。

　私たち（私）が机の上にある物を見てから，その見ている物が何であるかを理解することは，ほんの一瞬のことであるが，実は，いま述べたような，複雑なメカニズムから成り立っているのである。網膜上ではバラバラにすぎなかった情報は，視床（外側膝状体）→一次視覚野→視覚連合野を経由しつつ，頭頂連合野で初めて統合され，意味のある情報となるのである。

　ところで，ごく正常な人たちにおいて，網膜から頭頂連合野へと到る経路は，見たものを認識するまでのしくみとなるが，「盲視（ブラインドサイト）」と呼ばれる視覚障害を持つ人たちの場合，私たちとは異なるルートを通る。その前に，盲視とはどのような視覚障害なのかというと，それは，事故や病気などが原因で一次視覚野（V₁）を損傷することで，視覚的には「見えていない」にもかかわらず，目の前にある物に働きかけることができたり，その物を避けたりすることができる不思議な障害である。

　盲視の人の場合，たとえば目の前にあるペンを見たり思い浮かべたりすることができないにもかかわらず，ペンを手で持って書く動作をすることができる。実は，盲視の人にとって物（ペン）は，目に見えていないようでいて，脳では無意識に視覚情報処理がなされているのだ。盲視の人は，自分の目でペンを見たり，自分の頭の中（「表象＝意識」）でイメージしたりするといった「意識による認識」ができない反面，ペンを手に持って書く動作をするといった「行動による認識」はできるのである。

　ではなぜ，盲視の人は，目には見えていないはずの物（ペン）を用いることができるのか。それは，神経科学もしくは視神経科学の立場から説明することができる。つまり，盲視の場合，網膜から入ってきた情報は，一次視覚野へと伝送される代わりに，中脳の上丘という視覚情報の中継点を経て頭頂連合野へ伝送されるのである。

　このように，盲視の場合，一次視覚野が損傷していても，上丘という中継点を経由して頭頂連合野へと視覚情報が伝送されることから，たとえ盲視の当事者自身，見えていないと思い込んでいても，実際には，ごく正常な人たちと同様，目の前にある物は「見えている」ことになるのである。

　ところで，ごく正常な人たちが辿る視覚認知の過程は，網膜→視床（外側膝状体）→一次視覚野→視覚連合野→頭頂連合野，であった。次に，付け加えるべき重要な知見とは，一次視覚野および視覚連合野（総じて，視覚認知）からの二つの経路の働きである。

　視覚認知の経路は，背側視覚路と腹側視覚路といった二つのルートから成る。

　まず，背側視覚路は，対象の位置や動き（運動）を把握することに関与する。それは，主として空間情報の処理を司る。背側視覚路は，位置や運動，空間情報を処理することから「where 経路」と呼ばれる。背側視覚路は，頭頂葉へ向かうルートをとる。正確に述べると，背側視覚路は，視覚皮質から側頭葉下部を経由して大脳辺縁系へと到る経路となる。頭頂葉が運動感覚にかかわる重要な脳の部位が密集していることから考えても，背側視覚路がいかに対象の位置や運動，空間情報にかかわるものかが理解されてくる。

　次に，腹側視覚路は，対象の形状や存在を認識することに関与する。また，それは，意識にのぼる映像（イメージ）として認知することに関与する。ここでいう「意識にのぼる映像（イメージ）」とは，「表象」，すなわち「意識」における認識を指す。端的にいうと，腹側視覚路は，視覚情報処理でも，「表象」に関与する。この場合，「表象」は記号的表象や言語的表象も含まれる。このように，腹側視覚路は，対象の形状や存在の認識，映像や表象をはじめ，イメ

11

ージ全般を処理することから「what 回路」と呼ばれる。腹側視覚路は，側頭葉へ向かうルートをとる。正確に述べると，腹側視覚路は，視覚皮質から側頭葉下部へ到る経路となる。側頭葉が言語中枢であるウェルニッケ野（＝言葉の意味を理解するときに働く脳の部位）およびそれと連携するブローカ野（＝言葉を発する［発声］ときに働く脳の部位），そして側頭連合野（＝聴覚情報と視覚情報を統合・処理するときに働く脳の部位）から構成されていることから考えても，腹側視覚路が対象についての認識や表象にかかわっていることがわかる。

　以上，視覚認知の二つの経路として，背側視覚路と腹側視覚路および各々の特徴をみてきた。総じて，背側視覚路は，筆者のいう「行動」に，腹側視覚路は，筆者のいう「意識（表象）」に，各々，対応している。

　筆者は以前，二つの認知仕方を進化心理学や行動経済学などを手がかりに，脳・心の二重過程論について述べたことがある［中井，2017b］。それは，直感と思考に典型されるように，「速い判断」と「遅い判断」と規定されるが，脳・心の二重過程論は，どちらかというと，大脳辺縁系と大脳皮質（特に，前頭前野）の神経伝達速度上，発生するタイムラグに基づく意志決定や判断の，矛盾についての理論であった。

　しかしながら，筆者は，私たち人間の認知仕方もしくは世界了解の様式を規定しているのが，脳・心の二重過程論よりも，視覚認知の二経路ではないかと考えるに到った。端的に述べると，私たち人間の世界了解の様式は，大きく二つに分かれ，それが「行動」と「意識」であり，各々は，視覚認知の二経路，すなわち背側視覚路と腹側視覚路によって駆動されているのではないかということである。

　以上，視覚にかかわる脳は主に三つあり，一次視覚野は主に対象の輪郭の統合に，背側視覚路（where 経路）は主に運動や位置，空間に，腹側視覚路（what 経路）は主に形状や色，存在に，各々，関与していることがわかる。特に，腹側視覚路は高次視覚野と呼ばれるように，事物や対象の特徴を処理するだけで

なく，事物や対象のカテゴリー（顔，全身など）を区別する働きがある。高次視覚野には，アカゲザルの実験から対象の似た特徴ごとに反応する細胞がコラム（神経細胞の柱状の集合体）として存在し，そのコラム群が画像の認識を司っている。腹側視覚路の経路に位置するこの高次視覚野は，高度な視覚認知およびそれを言語化・記号化する機能を有すると考えられる。

２．行動とアフォーダンス

　まず，背側視覚路の機能を踏まえつつ，「行動」について述べることにする。

　私たちが事物を操作するときは――たとえばコップを手で取ったり，自転車に乗ったりするときは――，背側視覚路を生成の起源とする，「行動」（知覚行動）によって直に操作することができる。総じて，私たちが普段，何も考えることなしに自然に行っている技能・わざや習慣は，「行動」に相当する。あるいは，儀式や儀礼もその大半は「行動」である。なお，儀式や儀礼で詠み上げられる言葉（祝いの言葉等々）もまた，行動的なものである（ここで行動的なものとは，内容よりも形式が重んじられることを意味する）。「行動」は，私たち人間を含め，すべての動物が環境に埋め込まれつつ，それと地続きにかつ円滑に生きられる上で不可欠な認識仕方もしくは世界了解の様式なのである。しかも，「行動」においては，空間的には環境に埋め込まれるだけでなく，時間的には現在（いま）に埋め込まれている。「行動」では，過去や未来はなく，「現在」のみがリアルなものとなる。裏を返せば，後述する「意識（表象）」において初めて「現在」を基準に「過去」と「未来」が制作されるのである。総じて，「行動」は空間的にも時間的にも，「いま，ここ」に生きられるだけでなのである（勿論，「行動」以外に「意識」を有する私たち人間の場合，動物とは異なり，「行動」は常に「意識」から干渉を受ける。裏を返すと，習慣がそうであるように，「行動」は「意識」によって改訂されるが，その後はまた，「行動」に戻る）。

ところが、「行動」は、私たち人間にとって動物と同一の認識仕方になるがゆえに、捉えることが困難なのである。したがってここでは、「行動」とは何かを詳しく述べるために、J.J.ギブソンのアフォーダンス理論を参照することにしたい。というのも、アフォーダンス理論は、人間を含めすべての動物が環境から直に情報を抽出することで、行動を誘導する（＝アフォード）する世界了解モデルだからである。ここでは、アフォーダンス理論の概要ではなく、その世界了解の様式の特徴を述べることにとどめることにしたい。ただ、「行動」について詳述するためとはいえ、アフォーダンス理論のように特定のモデルを持ち出すのは決して望ましいことでない。むしろ、それは誤認識の原因になりかねない。というのも、後で「表象主義モデル」について言及するように、一般的にモデルは私たち人間が対象を内的対象へと再構成したもの、すなわち一種の「表象」だからである。こうしたリスクを侵してでもアフォーダンス理論を取り上げるのは、「行動」が私たち人間の生とあまりにも近すぎるがゆえに、捉えるのが困難な類いのものであり、何らかのモデルが不可欠になってくるからである。

　ところで、ギブソンのアフォーダンス理論（生態心理学）の特徴を挙げると、次の三つにまとめることができる。

　一つ目は、従来の視覚論（知覚論）が、網膜像説をとるのに対して、ギブソンのアフォーダンス理論は、網膜像を否定した上で文字通り「生態学的知覚論」を採ることである。

　二つ目は、従来の光学理論が、光の事実を放射光とするのに対して、ギブソンのアフォーダンス理論は、それを包囲光とすることである。

　三つ目は、従来の心理学が、人間の認知活動をコンピューター・モデル（環境［刺激］－インプット－中枢－アウトプット）のように、環境からの外界刺激を脳神経が「情報変換・処理」することだと捉えるのに対して、ギブソンの生態心理学は、環境からの情報を身体が「直接知覚」を行い、「情報抽出」することだと捉えることである。

　これら三つの捉え方は，ギブソンのアフォーダンス理論を説明する上で不可欠であるが，ここでは本章の目的に関連する三つ目の特徴のみを取り上げることにしたい。

　三つ目について述べると，次のようになる。「生体＝観察者」は，環境から情報を「直接知覚」することによって，「情報抽出」している。直接知覚は，身体を用いた探索活動によって「包囲光」から情報を抽出する。ここで包囲光とは，媒質中（内）の一点を包囲する光のことである。それは，一つの光源から直線的に一つの方向に向かって進む放射光（反射光）と対照的である。「直接知覚」との関係で重要なことは，包囲光の中に観察者（生体）も含まれるということである。包囲光が示すように，生体は常に動きながら，もっといえば，眼，頭，顔，胴体，足等々全身が動きながら，知覚・認知活動を行い，こうした生体の動きによって包囲光（光）の変化が生み出されるのである。

　認知心理学や脳科学では，コンピューター・モデルの説明を用いて，まず，環境からの情報（＝刺激）をインプットして，そのインプットした情報を「頭の中」での言語表象によって情報変換・処理を行い，その結果をアウトプットするという経路を辿る。ギブソンは，こうした捉え方を「間接知覚」と呼び，網膜像説と同様，否定した。

　ギブソンのアフォーダンス理論においては，生体は環境から直に情報を探索・走査し，そして抽出するのみである。知覚は，環境の中に情報を発見し，利用するのだ。この場合，内的な情報処理は一切必要ない。U.ナイサーの名言にあるように，「アリは凱旋門という概念なしで凱旋門をくぐることができる」（U.ナイサーの言葉）［道又爾，2009：169］のだ。むしろ，環境には情報（知性）があって，その情報に生体がアフォード（誘発）されるのである。佐々木正人がいみじくも述べるように，「アフォーダンスは事物の物理的な性質ではない。それは『動物にとっての環境の性質』である。アフォーダンスは，知覚者の欲求や動機，あるいは主観が構成するようなものではない。それは，環境の中に実在する行為の資源である。」［佐々木正人，2014：72］要するに，「アフォー

15

ダンスは環境に実在する」［同前］のだ。

　よく引き合いに出される例として、“賢いノブ”があるが、それは、生体（人間）が押すのか、引くのかを一瞬見ただけで認知し得るノブ（道具）のことである。反対に、“悪いノブ”の場合、よく見ても、どのようにすれば良いかがよくわからないのである。したがって、“良いノブ”には、知性が埋め込まれているのだ。総じて、環境には知性が埋め込まれている（環境知性）。

　こうした事物（物）をアフォーダンス理論から述べると、環境や道具となる。物との出会いを事物存在という存在様式に据える認知心理学では、神経中枢、すなわち大脳皮質（前頭前野）における高度な情報変換・処理を想定することになる。ところが、道具存在という存在様式を物との出会いとする生態心理学では、高度な情報変換・処理を行うための言語表象を必要としない。その意味で、直接知覚論は、反表象主義の立場に立つ。むしろ、生態心理学が捉える身体とは、環境の中（包囲光）に埋め込まれながらも、直接知覚によって環境から情報抽出を行う、すなわち環境の中に実在する情報を自発的に抽出する、といった受動的かつ能動的なものである。ヒトもまた、こうした身体を持っている。むしろ、こうした身体は、動物的なものとして軽視されてきたのである。

　このようにみると、ギブソンのアフォーダンス理論は、従来の、高次脳を前提とする心理学や脳科学に対して、低次脳を前提とする新しい心理学を志向してきたことがわかる。つまり、生態心理学はヒトと動物が共通する低次脳、脳の構造からすると、大脳辺縁系（動物脳）をベースに構築されてきた、文字通りの「生態」心理学なのである。この心理学は、動物に特化した動物心理学でもなく、人間（ヒト）に特化した心理学（認知心理学）でもなく、動物と人間（ヒト）の共通点や相違点に着目した比較心理学でもない。むしろそれは、動物と人間（ヒト）の区別を撤廃した——正確には、「撤廃する」ことさえ意識しない——、動きながら物を見るすべての生体を主体とする心理学なのだ。

　「認知心理学とギブソン心理学は、対立するというよりもすれ違っているというべきだ。前者が椅子に座ってじっくりと本を読むヒトにおける『記号から

の意味の抽出』のような問題に関心を向けてきた一方，後者は野山を這い回り，食料を探し敵から身を隠す『けだもの』の問題に関心を向けてきたのだ。そして，ギブソンのメッセージとは，前者は後者から現れたという，全く当たり前のことなのである。」［道又爾，2009：181］

　環境は包囲光として客観的に実在する。にもかかわらず，環境は生体（ヒトを含め）を一方的に規定したり拘束したりすることをしない。むしろ，環境は生体がその生態に応じてその都度環境から直接，情報を探索・走査し，抽出するのである。それゆえ，複数の生体（この場合はヒト）が同一の環境に置かれたとしても，個々の生体（ヒト）が抽出する情報は同じものとはならない。その意味で，環境から情報抽出を行うには，生体（ヒト）それぞれに能力や資質が必要となる。

　ところで，心理学上，「視覚パラダイム」を超えて，これと同じ観点でイメージを捉えることに成功した心理学理論として，U.ナイサーの「知覚循環論」［Neisser，1976=1977］を挙げることができる。「知覚循環論」は，ギブソンの生態心理学を組み込み，それをより進展させたものである。

　ナイサーは，イメージを対象についての像，すなわち視覚的イメージとみなさず，たとえば，情報の抽出が遅延されたり，妨害されたりしたときに発現される，知覚的な「予期図式」，すなわち対象を知覚しようとする内的な準備状態であると考えた［同前］。

　以上のように，アフォーダンス理論は，直接知覚もしくは知覚行動（「行動」），いわば非「表象」に基づく世界了解の様式の典型または極北であり，それは，コンピューターのように，「表象」に基づく情報変換・処理モデルとまったく対照的なものなのである。

3．意識と表象

　次に，腹側視覚路の機能を踏まえた上で，「意識」について述べることにす

17

る。

　「意識」とは何かを述べる上で有力な手がかりとなるのは，「表象」という概念である。というのも，「表象」は，私たち人間だけに固有の情報処理であり，世界をあるがままに了解するのではなくて，世界を自らの内的世界もしくは仮構世界として再構成した上で，世界を認識する世界了解の様式だからである。「表象」という世界了解の様式は，世界を直に捉える「行動」および「行動」を理論化したアフォーダンス理論とはまったく対照的に，世界を間接的に捉えるものである。むしろ私たちは世界を間接的に捉えることしかできないと考えられる。

　あらためて，「表象」とは何か──それは，外にある（＝表現する／現前化する）対象（物）を自分から構成していき，構成された対象を内的に「対象－像」という形で再び表現／現前化（措定化）することである。要するに，「表象」とは，〈外〉に現前化する物を〈内〉に再－表現・再－現前化する物へと構成することなのである。裏を返せば，現前する物をその端的な現前の場（生きられる現在）において把握しようとする知の働きではなく，あくまで構成された対象を再び自分の方へと措定し直すという，物の現前の屈折的な（reflektierend）再－表現作用もしくは再－現前化作用（Re-präsentation, Re-flexion）である。つまり「表象」は，事物を自己の中で構成し直したものであり，自己自身がそれを操作する知なのである。

　さらに，H.ワロンら発達心理学者が述べるように［Wallon, 1949＝1965］，個体発達にとって「表象」，正確には，表象する能力またはイメージを生み出す能力を習得することは，不可欠である。表象（作用）は，子どもが自発的，意図的に現実世界において経験した指示対象を内的，心的次元において再－現前化する，すなわち創造（再－創造）する能動的な作用であり，しかも，再－現前化された物（＝所記）は別の何か（＝能記）に代理されることを意味する。そのことから，子どもはその別の何かという新しい現実（イメージ，記号，言葉等々）を操作して，保持するができるようになる（その意味で，自らの身体

18

を未だ所有できていない三歳未満の乳幼児は，「表象」以前の世界，すなわち，いま，ここにある現実世界を端的に生きられている）。三歳未満の乳幼児が表象主体となるためには，十全の姿勢機能が生理的に成熟するまで——特に緊張活動（トーヌス）を習得するまで——待たなければならないのである。

　「表象」が優先されてしまうと，対象はすべて自己が制御する対象−像と化してしまうといった批判があるが，この批判そのものは，「表象」に対する誤った理解にすぎない。前述したように，「表象」は本来，外にある対象を内的な対象へ自ら再構成するという再−現前化作用であって，そのこと自体に正しい，正しくないという価値基準は当てはまらないのである。「表象」とは，あくまでも対象を自ら内的に再構成したものであって，それ自体に内的属性はないのだ。ただ，「表象」に問題があるとすれば，事実を再構成したものと，虚構を再構成したものを取り違えたり混同したりすることである（ときには，両者をわざと同一視することもある）。卑近な例を挙げると，人工知能が暴走する映画を観て，それが現実世界でも実際に起こっているのだと誤認識してしまうケースである。

　また，認知心理学や認知科学では「表象」を最優先する立場のことを特に，「表象主義」あるいは「表象主義モデル」と呼ぶ（その反対の立場は，反表象主義もしくは状況主義，あるいは前述したアフォーダンス理論である）。ただ，これもまた，「表象」という概念の取り違えもしくは混同にすぎない。「表象主義」という概念が生み出されたのは，コンピューターを基準とする情報処理の様式，すなわち環境からの刺激の「インプット−情報処理・変換−アウトプット」といういわゆる「コンピュータ・モデル」に基づいている。つまり，「表象主義」は，複雑な人間の脳の情報処理メカニズムをわかりやすく説明するために，「表象」とは関係なく作り出された一つのモデルにすぎない。だからこそ，「表象主義」は，「状況主義」や「アフォーダンス理論」と対比的に持ち出されるのだ。繰り返し強調すると，「表象」と「表象主義」を一緒くたに捉えてはならない。

19

強いていうと，「表象主義」もまた，対立的に捉えられる「状況主義」や「アフォーダンス理論」と同一であると考えられる。なぜなら，両者とも，「表象」と異なり，世界を内的世界または仮構世界として再構成するところの「意識」が欠如しているからである。どれほど人工知能が進展しても結局のところ，「意識」を持つ人間並の人工知能や知能ロボットが開発されないのは，「表象」およびそれを生み出す「意識」が欠如しているからだ（いわゆる，意識のハード・プロブレム問題）。もっというと，前述したアフォーダンス理論を忠実に実行に移すことのできる，非「表象」タイプのロボットは開発することができても——事実，「表象なき知能」を前提とする，R.A.ブルックスの自律移動ロボット（Polly や Genghis）が造られた——，「表象」を持つロボットを製作することはできないのである。

　このように，腹側視覚路の視覚認知は，「表象」および「意識」へ普遍化される発端になると同時に，人間特有の間接的な世界了解の様式へと拡張されるのである。「表象」もしくは「意識」は，私たち人間にだけ内蔵された機能なのである。

Ⅱ．行動の系列⇔意識の系列

1．行動と意識についての基本的図式

　以上，視覚認知の二つの経路を発端に，二つの世界了解の様式として，「行動」と「意識（表象）」が取り出された。私たちからすると，「行動」が動物と同型の認識となるのに対して，「意識」は人間固有の認識となる。つまり，「行動」における事物（物）の認識と，「意識」における事物（物）の認識は根本的に異なるのである。私たちは，本来，分離・切断しているはずの，「行動」と「意識」といった二つの異なる世界了解の様式，すなわち認識様式をその都度切り替えながら，常時使い分けている。あらためて強調したいのは，「行動」と「意識」はまったく別々の認識仕方だということである（これから以降，「世界了解の様式」という言葉を「認識様式」という言葉に置き換えることにしたい）。

　Ⅰで述べたことを図示すると，図1（22ページ）と図2（23ページ）になる。

　まず，図1・Aは「行動」と「意識」が異なる層に位置すること，そして，両者が暗黙裡に自在に切り替わっていることを示している。両方向の矢印は，自在の切り替えを意味する。

　次に，図1・Bは，図1・Aに加えて，意識的な行動には，道具的な認識と意識的な認識（高次の意識および自己意識）があることを示している。この図では，意識的な認識を道具的な認識よりも上に置くことで，前者が後者よりも高次の意識であることを示している。あらかじめ述べると，図1・Bとは対照的に，図2では，二つの「意識」が並列に位置づけられているように，両者は無意識的な行動に対しては，"対等"なのである。

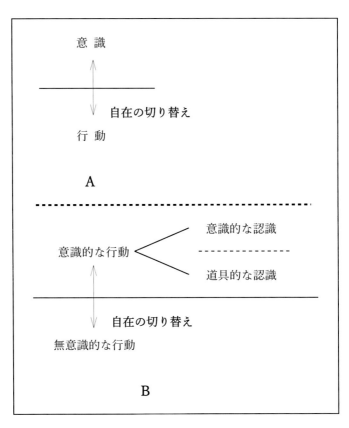

図1　行動と意識および二つの意識
※図1・A（上）／図1・B（下）

　図2は，無意識的な行動と道具的な認識，無意識的な行動と意識的な認識が
各々，自然に切り替わっていることを示している。特に，たとえば私たちが普
段行う〈歩きスマホ（歩きながらスマホをする行為）〉が，〈歩く〉という無意
識的な行動をベースに，すなわち身体の中の「ロボット」（＝習慣・技能）を
基底にしながら，意識的に行われることを示している。つまり，私たちは異な
る動作・作業を同時に行っているのだ。足の負傷等がなければ，「歩くこと」

22

が，無意識的に行える行動であるのに対して，「スマホをする」ことは，「道具的な認識」であり，指で意識的にマニュアル操作を行う活動である。ただ，マニュアル操作を必要とする「スマホをする」ことも，機器の進展によって，「歩くこと」と同様に，無意識的な行動に変容する可能性がある（ウエアラブル・スーツのような，いわゆるウエアラブル・スマホ）。

　自明でありながらも重要なことは，道具は幾度も繰り返し使用することで，使い手にとって自動化されたものとなり，無意識の行動となるということである。つまり，私たちの道具的な認識は，当初，マニュアル操作を必要とするが，

図2　行動⇔道具的な認識／行動⇔意識的な認識

使い慣れるうちに，自然と無意識的な行動と化するのである（馴れにともなう，道具的な認識の，無意識的な行動への変化もしくは「意識」の，「行動」への変化）。

　また，図2の右に示すように，西田幾多郎が「哲学の道」を歩きながら思索したといわれるように，〈歩きながらの思索〉という高次の，意識的な認識（思考・判断・意志決定）もまた，「歩く」という無意識的な行動をベースにしている。〈歩きながらの思索〉においても，ただ無意識的に歩くことと，意識的に内省することは，自在に切り替わっているのである。つまり，この場合でも，無意識的な行動と意識的な認識行動のあいだで自在の切り替えがなされているのだ。

　なお，図中には，二つの意識，すなわち「道具的な認識」と「意識的な認識」のかかわりについて何も示されていないが，両者は二つの，異なる世界についての認識様式であると考えられる。これについては，M.ハイデガーの周囲世界論が手がかりになる。つまり，道具的な認識は，「道具存在」，意識的な認識は，「事物存在」に各々，対応する。

　ハイデガーは，日常世界の構造の基礎に「道具存在」を据える。人間（現存在）にとって身近にある事物（物）は道具として有用な形で存在する。端的には，人間は道具存在として物と出会うというわけである。つまり，事物（物）とは何かというような，対象についての認識（＝事物存在性）よりも，道具としての使用（＝道具存在性）が先立つというわけだ。物の道具性が物の事物性に先行するのである。私たち人間が眼前にある物と出会うのは，何であるかという物の事物性を認知（認識）することから始まるのではなく，どのように使用するか（かかわるか）という物の道具性において始まるのである。物は私たちの身体によって用いられるのである。

　ところで，私たちにとって物が原初的に道具もしくは道具存在であることを逆照射する興味深い例がある。ごく普通の子どもが，シャープペンを文字を書く道具だと，（それが）使用される文脈の中に埋め込まれたまま理解するのに

対して，アスペルガー症候群と呼ばれる子どもは，シャープペンを，〈鉛筆の機能とほぼ同じ機能を有し，ペンの中には 0.5mm の芯が入っていて，ペンの頭を指で押すと，ペン先から芯が出てくる道具である〉というように，間接的に理解する。これは，道具についての知識，すなわち道具のメタ知識を経由した上での理解である。つまり，彼らはシャープペンを一旦，知識の形へと還元した後でないと，それを理解することも，使用することもできないのである。

いま述べた，アスペルガーの子どもに特有の，道具のメタ知識化は，物の事物存在性にほかならない。彼らのように，物が原初的に道具存在として立ち現われるのではなく，事物存在として立ち現われるとき，世界とのかかわりは円滑を欠くのだ。そのことの裏返しとして，私たちにとって，物がまず何よりも道具存在であることがいかに重要であるかを示している。

いま述べた，道具存在に対して，事物存在は，事物（物）とは何かについて追求する，主体－客体の構図から成る非日常的な捉え方である。事物存在とは，事物についての認識であり，つまるところ，事物に関する「表象」である。「行動」と対比しつつ，すでに述べたように，「表象」とは，〈外〉に現前化する物を〈内〉に再－現前化する物へと構成することである。このように，事物存在については，表象もしくは意識によって事物（物）とは何かというように，事物（物）の本質を認識することなのである。

ところで，物の事物存在（性）が露わになるのは，道具存在としての物が，「故障する」とか「手元にない」など，欠如（欠損）しているときである。ところが，物の事物存在性は，道具存在性の欠如態もしくは欠損態にすぎないかというと，それは違う。この点について，W.ウィノグラードは，「習慣的・日常的で快適な『世界内存在性』が中断される瞬間」［Wignorad et.al., 1986=1989：130］，すなわち道具存在の道具存在性が損壊される瞬間を，「ブレイクダウン」［同前：7］と命名した上で，次のように述べている（なお，ブレイクダウンとは，何か物事がうまく行かなくなる状態のことである）。

「ブレイクダウンがあって初めて，私たちの習慣や道具の本質が暴かれ，そ

れを対峙的なものとできる……この意味では，ブレイクダウンは否定的にではなく，肯定的に作用する。」[ibid.：130]。

　つまり彼は，事物存在の事物性が露現してくるブレイクダウンは，自明なものとして遂行的脈絡（コンテクスト了解）のうちに溶解されてしまっている，物そのものを原初的に見直す契機になると捉えているのだ。たとえば，ハンマーはまさにハンマーとして立ち現れてくることになる。ところが，そうした立ち現われ方は，ハンマーが注視されることが少なければ少ないほど，ハンマーとのかかわり合いは一層根源的になり，ハンマーはそのあるがままの物として露現するのである。というのも，ブレイクダウンが生じた場合，「ハンマーについて語り，その属性について内省できるのは，観察者」[同前：58]だからである。

　以上のことから，図1における「道具的な認識」は，「道具存在」に，「意識的な認識」は，「事物存在」に，各々，対応していることがわかる。

2．行動と意識についての誤謬

　以上，「行動」と「意識」を二分することの必然性を明らかにしてきた。そこで次に，「行動」と「意識」を二分することの意義について述べることにしたい。

　結論から述べると，その意義とは，哲学に代表されるように，実在論と観念論の対立を解決し得ることにある。ただ，ここでいう実在論と観念論の対立は，哲学だけでなく，自然・生命科学全般，心理学，人間科学，文化人類学等々，さまざまな学問分野（科学全般）の基底となる認識様式を射程とする。というのも，さまざまな学問分野においては必ず，観察者もしくは観測者と，対象もしくは現象のかかわりや関係が問題になるからである。要するに，主体と客体，主観と客観，自己と他者等々，観測（観察）する側と観測（観察）される側の関係が，諸学の認識様式の根底に潜勢している。

　いま述べた，主体と客体の関係でいえば，実在論は，主体とかかわりなしに客体が実在するということになるという反面，観念論は，客体は主体によって観念的に構成された所産であるということになる。つまり，実在論が，主体を前提としない認識様式であるのに対して，観念論は，主体を前提とするどころか，主体によって初めて構成される認識様式なのである。きわめて単純化して記述したが，とりわけ，哲学では，こうした認識様式の相違がこれまで何度も繰り返し論議されてきた。そしていまも，解決をみないままである。

　誤解を恐れずに述べると，「行動」と「意識」の区別および両者の自在の切り替えという新しい認識様式は，実在論と観念論の対立，さらに，（哲学以外の）さまざまな学問分野での，両者の対立を解決し得ると考えられる。むしろ，「行動」と「意識」についての正確な認識様式は，不毛な論争に決着をつける好機となる。

　しかも，深刻なことに，私たちは，実在論と観念論を対立させるだけでなく，両者を混同したまま，誤って捉えてきた。どういうことかというと，実在論という認識様式を観念論という認識様式によって捉える，あるいはその反対に，観念論という認識様式を実在論という認識様式によって捉える，という具合に，両者の対立という誤謬に輪を掛けて二重の誤謬をしてきたのだ。これについては後述する。

　こうした混同や誤謬に言及する前に，あらかじめ指摘すべきなのは，実在論と観念論，すなわち「行動」と「意識」という認識様式そのものに誤謬の種が潜んでいるということである。一般に，私たちは何らかの行動を認識する場合，必ず，意識を媒介とせざるを得ない。つまり，意識を媒介しない対象や現象は，本来，意識化し得ないことから認識することができない。私たちがそのことに気づかないもしくは気づきにくいのは，意識という媒体が透明な存在だからである。透明という言葉が難しければ，自明であると言い換えてもよい。

　このように，私たちは必ず，意識を媒介として何らかの対象や現象を捉える（すでに捉えている）のである。そのことから次の論理が導出されてくる。つ

まり，二つの意識的な行動は，そもそも，意識を媒介とする認識作用であることから，その認識様式においては何ら誤謬が起こり得ない，と。

それに対して，行動についてはどうか。行動は，本来，意識もしくはその主体・主観・自己を媒介としない認識様式である。にもかかわらず，そうした認識様式に誤って意識もしくは主体や主観などを媒介させてしまうことが起こり得る。つまり，「行動」を「行動」として捉えるのではなく，「意識」として捉えてしまうわけである。私たちは，何かを考えるとき，必ず意識を媒介としていることから，「行動」という認識様式を捉えるときでも，誤って「意識」という認識様式で捉えてしまう可能性があるのだ。

しかしながら，これまで何度も言及してきたように，「行動」と「意識」はまったく別の認識様式であって，「行動」は「行動」という認識様式において，「意識」は「意識」という認識様式において，各々，別々に捉えなければならない。繰り返し強調すると，最大の誤謬は，「行動」もしくは実在論という認識様式を，知らぬ間に「意識」もしくは観念論というまったく別の認識様式によって捉えてしまうことにある。この点は何度繰り返し強調してもしすぎることはない。「行動」と「意識」を明確に区別した以上，両者を独自の認識様式として正確に捉える必要があるのだ。

「行動」と「意識」もしくは実在論と観念論の混同と誤謬についての解明，さらに，こうした問題を解決するために，ガブリエルの新実在論を持ち出すが，その前に，I.カントの認識様式を取り上げてその問題点について言及しておきたい。

周知のように，カントは認識論上，「現象」と「物自体」を区別した上で，「物自体」を認識の限界と捉えた。ところが，この捉え方には混同がみられる。端的にいえば，アフォーダンス理論やユクスキュルの環世界論が対象とするような「行動」，いわば環境に埋め込まれた「行動」では，そもそも，「現象」と「物自体」の分離は起こり得ないということだ。両者の分離を行うのは，「意識」のみである。

　もしも，カントにとって自らの周囲世界が不可知であり，「実在」していないとすれば，彼は忽ち，日常生活を営むことができなくなるはずである。カントが「意識」を通して「現象」と「物自体」を分離したことは，認識論上の要請として認めるにしても，「行動」においては両者が一致する，正確には一致する以前に両者の分離そのものが成立し得ないのである。その意味で，カントは，啓蒙主義者よろしく，人間と動物を明確に区別することで，すべての動物と共通する「行動」およびそれに基づく認識（＝行動的な認識）を人間の認識から排除し，専ら「意識」および意識的な行動のみを優先したのである。

　一方，カントとは反対に，「行動」においてのみ成立する認識様式，すなわち環世界（世界）から情報を直に抽出するという認識様式をあろうことか，「意識」に基づく認識様式だと誤解して論理を構築したものが，唯物論（弁証法的唯物論）である。

　唯物論者は，次のように，唯物論を説明している。

　「唯物論と観念論との違いは，物質と意識との関係において，唯物論は『物質から意識』を説明するのにたいして，観念論は，「意識から物質」を説明する。そして極端な主観的観念論となると，意識のはたらきで物質の動きを含め，世界のことをすべて理解できるとする。

　『物質から意識』を説明する唯物論は，意識の発生のみなもとをわれわれの意識とは無関係な，意識の「外」にある外界世界，外界環境から受ける刺激によって発生する外界『像』であると説明する。つまり意識の発生源は，われわれの意識の中にあるのではなく，われわれの意識から独立した，意識の「外」にある外界物質世界からの刺激を受けて外界『像』として発生する。

　これにたいして，主観的観念論はわれわれの意識は，意識そのものから発生し，意識のみなもとが外界世界ではなくて，外界世界の存在そのものも，われわれの意識があって，はじめて存在すると説明する。」［池田昌昭, 2003：31-32］

　この論述の通り，唯物論はある意味で理路整然としている。盤石である。ここで主張されているのは，意識の働きが，意識の「外に」，意識とは独立して

実在する物質（外界物質）を脳の中の外界「像」へ反映したものなのであって――要するに，意識は外界の反映した像――，観念論が説くように，意識から物質（外界物質）を説明することはできない，ということである。つまり，正統な唯物論においては，「外界物質＝外界物質『像』」と措定されることになる（これは明らかに，意識の表象作用である）。哲学的に述べると，「主観－客観」関係において，主観，すなわち意識は，客観を客観の像として正確に捉える（＝反映する）ことができるということである（反映に基づく「主観－客観」の一致）。

　以上のことからすると，高次の「意識」が世界（物）をあるがままに「反映」するという捉え方は，世界から情報を直に抽出する，「行動」を誤解したものにすぎない。「反映」が不満であれば，「創造的反映」と言い換えてもよい（反映も創造的反映も大差はない）。

　総じて，哲学界や思想界では，「行動」と「意識」を分離して捉えることを忌み嫌い，「意識」へ統合したいという欲望が強い（観念論への殺到）。その結果，カントのように，「意識」を中心とする認識論を構築しつつ，その枠組みの中で本来，「行動」では分離されない，「現象」と「物自体」を分離して，「物自体」を否定したり，弁証法的唯物論のように，本来，「行動」の認識様式にあたる，「反映」を，「意識」の認識様式として誤って捉えたりするなど，さまざまな混同や誤解を生み出してきた。

　覚書

　この後，ガブリエルの新実在論の登場によって，実在論が復活する。ところが，筆者が新実在論に出会う以前，実在論を擁護するために，さまざまな認識論を手がかりに悪戦苦闘してきた。特に，レーニンの唯物論や素朴実在論に立ち戻って，実在論に基づく認識様式論（認識論）を模索してきたが，そのときの思索の軌跡を「補章」にまとめた。したがって，補章では，新実在論に依拠せずに，独自の実在論を提起している。関心のある読者は，先に補章を読み，

その後で，Ⅲ章以降の新実在論に基づく認識論を読んで欲しい（あるいは，Ⅲ章から結語までを読んだ後で，補章を読んで頂いてもよい）。

Ⅲ．新実在論に基づく認識様式の刷新

1，構築主義のアポリア

　ガブリエルは，自ら提唱する新実在論とは何かを明らかにするために，形而上学と構築主義の比較を行っている。形而上学，構築主義，新実在論という三者の認識論上の違いは，ガブリエルの例によって明確になる。ここで，ガブリエルは，比較対象として形而上学を持ち出しているが，それは，形而上学ではなく，素朴実在論であると考えられる。したがって，ここでは，ガブリエルの比較対象を，素朴実在論，構築主義，新実在論に変更したい。ここで素朴実在論というのは，哲学において私たちの主観と独立して，（私たちの）感覚的経験に与えられた通りに世界（物）が実在するという認識様式の謂いである。一方，形而上学は，感覚的経験を超えた世界の真理（＝真実在）を理性によって捉える認識様式であることから，これから取り上げる事例からすると，不適合である。

　ガブリエルが挙げる例は，次の通りである（敬称は省略した）。

　1　ヴェズーヴィオ山
　2　ソレントから見られているヴェズーヴィオ山（アスリートさんの視点
　　　［パースペクティヴ］）
　3　ナポリから見られているヴェズーヴィオ山（あなたの視点）
　4　ナポリから見られているヴェズーヴィオ山（わたしの視点）

この例は三者の相違を明確化する上でうってつけのものである。
　まず，1〜4の記述を見ると，1だけが観察者（主観）が存在しない，もし

くは不在であるのに対して，2〜4はすべて観察者（主観）が存在する。つまり2〜4は，誰がどこから対象を見ているのかを陳述しており，記述された対象は，観察者の視点（パースペクティヴ）が介在しているのであり，その結果，各々の「見え」は異なる。ガブリエルの新実在論に沿いながら，前述した三者を比べると，表1のようになる（なお，表1の○は容認，× は否認を表す）。

表1　素朴実在論・構築主義・新実在論の比較

	（記述番号）			
（立場）	1	2	3	4
素朴実在論	○	×	×	×
構築主義	×	○	○	○
新実在論	○	○	○	○

　表1からわかるように，素朴実在論のみ，観察者（の視点）不在の対象（ヴェズーヴィオ山），すなわち対象そのもの——カントからすれば，「物自体」——が実在することを容認する。素朴実在論は，観察者（主観）とは独立して，物の実在を認める，旧来の実在論（旧実在論）である。素朴実在論において，対象は，独立して対象それ自体として実在するのだ。これは，観察者の視点に左右されない絶対主義の立場となる（相対的なものは認めない）。旧実在論に対して，新実在論は1をはじめ，すべての実在を認める。この点については，後述することにし，先に，構築主義について言及することにする。

　構築主義は，素朴実在論とはまったく反対に，1（対象それ自体の実在）を認めないのに対して，2〜4のように，観察者の視点（パースペクティヴ）から捉えた対象を認める。裏を返すと，構築主義の場合，観察者の視点がないものは，対象として存在し得ないことになる（これは一種の不可知論の立場である）。とはいえ，構築主義では，観察者同士が各々の視点を相互交渉すること

で，パースペクティヴを複数化してきた。

　かくして，構築主義は，B.バーガーと T.ルックマンによって示されたように［Berger & Luckmann, 1967=1977］，社会は人間関係（社会的相互行為）によって形成される。しかも，社会は言語によって構成されるのである（社会の言語的構成過程）。ただそれでも，構築主義では特定の観察者およびその視点を絶対化したり普遍化したりし得ないことから，観察者の各々の視点によって対象は常に，相対主義的なものとなる（パースペクティヴ主義）。構築主義は，相対主義の立場となる。

　これに対して，新実在論は観察者の視点が不在の対象そのものの実在を認めることから絶対主義の立場となる。

　ここで構築主義と同一の思考様式を採るものとして，ガブリエルよろしく，ポストモダン思想，唯名論，心的表象主義といった三つの立場を挙げておきたい。

　まず，ポストモダン思想について述べると，ガブリエルが述べるように，「構築主義は，カントの『緑色の眼鏡』を信じているわけである。これに加えてポストモダンは，わたしたちがかけている眼鏡はひとつにとどまらず，とても数多くあるのだとした。」［Gabriel, 2013：12］。つまり，ポストモダン思想は，構築主義を複数化もしくは多数化したものである。ポストモダン思想は，構築主義の継承者なのだ。したがって，前述した 1 ～ 4 について，ポストモダン思想もまた，構築主義と同一となる。

　次に，唯名論について述べると，ガブリエルが述べるように，「これは現代の構築主義の重要な先駆」［同前：167］である。唯名論からすると，すべての概念は，私たち人間が「自らの生存の可能性を高めるために我々自身が物ごとを一般化した結果にすぎない」［同前］ことになる。「唯名論によれば，すべての馬を包摂するような馬の一般的概念など本当は存在せず，数多くの個体だけが存在している。我々が事態を単純化して，一つひとつの個体をひとしなみに『馬』と呼んでいるにすぎない。どんな概念も，結局のところ空虚な名辞にす

35

ぎない」［同前］ということになる。このように，唯名論は，一般的概念をもって一括りにすることができない，個体や具体的な物，もっといえば，この，かけがえのない物そのものを擁護するが，そのことは，この，かけがえのない物（個体）そのものが実在することを容認することを意味しない。唯名論は，個々の馬を「馬」という一般的概念で呼ぶことを「空虚な名辞」だと批判することから，個体としての馬（たとえば，「アン」という固有名を付けられた「この」馬）が実在することを容認するかというと，そうでなく，否定的なのだ。だからこそ，唯名論は「現代の構築主義の重要な先駆」となるわけである。したがって，前述した 1 〜 4 について，唯名論もまた，構築主義と同一となる。

　最後に，心的表象主義について述べると，ガブリエルが述べるように，果物鉢にリンゴがあるとして，「そもそもわたしたちが見ているのは，果物鉢に盛られたリンゴではなく，ひとつの心的表象である」［同前：171］と捉える立場のことである。つまり，心的表象主義とは，私たちが大脳皮質の視覚野でリンゴを知覚像（心的イメージ）として形成したものだけを捉えることができると考える立場である。裏を返せば，私たちは直接，リンゴをはじめすべての対象と直にかかわることも，それを直に知覚する（捉える）こともできないというわけである。心的表象主義は，唯名論とは異なり，対象を言葉・概念によってではなく，心的イメージによって捉えるが，両者とも，直接，対象それ自体にかかわることができないと捉えるという点で同じである。つまり，両者の立場とも，構築主義やポストモダン思想と同様，対象の実在を容認しないのである。したがって，前述した 1 〜 4 について，心的表象主義もまた，構築主義と同一となる。

　こうして，ポストモダン思想，唯名論，心的表象主義はすべて，構築主義と同一の前提，すなわち「対象それ自体の実在」を容認しない，または対象と直にかかわり得るということを共有する。したがって，これ以降は煩雑さを避けるために，こうした認識様式を「構築主義」で一括する。なお，ガブリエルは，別の著書で「神経構築主義」［Gabriel，2015=2019］を新たな構築主義として

問題視している。

　このようにみると，素朴実在論の立場は，観察者（主観や視点）と独立して，対象それ自体の実在を認める絶対主義であり，構築主義の立場は，素朴実在論とは反対に，観察者（主観）の視点を介した対象，すなわちさまざまなパースペクティヴを通して立ち現われる対象を認める相対主義である。素朴実在論が絶対主義，構築主義が相対主義であるのに対して，新実在論は，絶対主義も相対主義も認める立場となる。こうした立場は，従来の実在論にはなかったものである。

　では，新実在論の前提となる，絶対主義でありながらも相対主義であるという立場は，果たして成り立つのであろうか。結論からいうと，成立可能である。その理由は，次の通りである。前出の例を用いて説明すると，対象であるヴェズーヴィオ山は，アスリートがソレントから見ているそれであり，あなたがナポリから見ているそれであり，わたしがナポリから見ているそれである（厳密にいうと，あなたとわたしが見ている場所が同じナポリだといっても，地理的な位置は異なる）。ここで重要なことは，もし，アスリートとあなたとわたしがヴェズーヴィオ山をめぐって会話を交わすとき，少なくともこの三人の人間は複数の諸相（パースペクティヴ）を超えた，一つの対象や事象にかかわっている（関与している）はずである。もし，そうでなければ，彼ら（私たち）三人はヴェズーヴィオ山について何も語ることができなくなろう。

　そのことは，構築主義でいう言葉や概念でも同様である。たとえば，「家族」という言葉・概念を用いて，複数の人間が会話を行うとき，複数の諸相を超えて同一の事象（家族なるもの）にかかわらなければ，「家族」についての会話自体，成り立たないはずである。言葉・概念であっても，何らかの事象にかかわる場合は，実在的，本質的なものに触れていると考えられる。

　この点について『なぜ世界は存在しないのか』の訳者，清水一浩は，ガブリエルが別の著書で挙げた概念，「平等性」と「批判」を敷衍しながら，的確に解説している。

「新しい実在論は，事象それ自体の実在性を認める。この実在性がなければ，そもそももろもろの主体が同じ事象に関わっていると言えなくなってしまう。つまり新しい実在論は，もろもろの主体に共通の準拠点を与える（平等性）。この準拠点があってこそ，同じ事象にたいするもろもろの主体それぞれの関わり方——たとえば当の事象の『認識』——の当否を決することができる（批判性）。」［清水一浩，2018：298］，と。

　その上で清水は，次のように述べている。

　「かくして新しい実在論は，ポストモダン思想の構築主義を経た後に，批判性・平等性の価値を再獲得する新しい啓蒙主義の運動でもあるとされるわけである。」［同前］，と。訳者によるこの指摘は，ガブリエルの新実在論を的確に理解する上できわめて重要である。

　こうして，旧来の実在論（素朴実在論）と，構築主義およびその進展態としてのポストモダン思想である新実在論との差異は，構築主義を経由するか否かにある。だからこそ，新実在論は絶対主義の立場をとりながらも，相対主義の立場をも容認（包摂）することができるのである。

　ところが，厳密に考えると，素朴実在論と構築主義の両者を認める，ガブリエルの新実在論は，観察者（主観）とは独立して，ヴェズーヴィオ山そのものの実在を容認しているが，それを確証し得るのは，「行動」に基づく認識だけであって，「意識」に基づく認識では不可能なのである。新実在論は，「意識」に基づく認識によって，1〜4の命題を一括して容認しているという意味で，その認識様式は誤っているといわざるを得ない。

　もっといえば，1の命題と2〜4の命題は，まったく質の異なるものなのであり，ガブリエルはそのことに気づかず，1〜4を一緒くたに捉えている。したがって，筆者は，表1を表2（39ページ）に修正することにしたい。

　表1を修正した表2が示すように，新実在論は本来，「行動」においては1を容認する，その一方で，「意識」においては1を否認する，というのが正しいと考えられる。そもそも，前出の例で挙げられた命題を，1と2〜4に分け

38

るべきなのである。新実在論が１の命題を容認するというのは、「意識」においてではなく、「行動」においてなのだ。

　このように、「行動」と「意識」を明確に区別することによって、新実在論は真正の認識様式になると考えられる（前述したように、結果だけをみると、表１と表２は同一であるようにみえるが、両者の捉え方がまったく異なる）。

表２　素朴実在論・構築主義・新実在論の比較（修正）

記述番号	（立場）			
	素朴実在論	構築主義	新実在論	
1	×	×	×	
2	×	○	○	「意識」
3	×	○	○	
4	×	○	○	
1	○		○	「行動」

２．認識様式の根本的な誤謬とその類型

　これまで述べてきたことを要約することにしたい。

　まず、確認すべきなのは、「行動」と「意識」を二つに明確に区別した上で、私たちがこの二つの認識様式を自在に切り替えているということである。ところが、複雑なことに、私たちがこの二つの認識様式について思考したり論述したりする場合、必ず、意識を媒介とせざるを得ないという厄介な問題が生じる。「意識」については、反省もしくは内省という意識作用によって認識すること

に何ら問題は生じないが,「行動」についてはそうはいかない。私たちが「行動」を反省もしくは内省という意識作用によって認識するとき,本来,主観／客観もしくは主体／客体（自己／他者）という分離・対立（二分化）が起こらない「行動」に,主観／客観という分離・対立の枠組みを持ち込んでしまうことになる。つまり,そのことは,「行動」を説明するための常套手段なのだ。適切な表現とはいえないのを承知でわかりやすく述べるならば,本来,「主客未分」もしくは「主客融合（自他融合）」である「行動」に亀裂を入れて,主体と客体を対立的に捉えてしまうわけである。その結果,「行動」においては,主体と客体が措定されてしまう。繰り返し強調すると,「行動」は,当初から主体と客体が合一した状態しかない。正確にいうと,「行動」においては,主－客が分裂すること自体,生じないのである。

　以上の,「行動」についての留意事項を踏まえた上で,これまで私たちが陥ってきた認識様式の誤謬について整理したい。

　「行動」は,アフォーダンスのように,生体が実在する世界と直にかかわり,情報を抽出する活動である。つまり,「行動」においては,生体・主観に関係なく,独立して世界（他者・物［自然物・人工物］）が実在する。人間以外の生物が過不足なく環境に埋め込まれていて,個々の環界に適合した活動をすることこそ,「行動」である。私たち人間は,すべての生物と同様,「行動」においては自らの環界に埋め込まれていて,その環界から有益な情報を直に抽出している。

　一方,「意識」は,主観・主体による世界の表象化である。つまり,私たち人間だけが意識に基づく認識,特に表象化によって世界とかかわり,世界を捉えている。表象とは,私たち人間が感覚や知覚によって捉えた対象を再－現前化する認識様式である。

　以上のことから,「行動」については,「（生体・主体なしの）行動－世界」という実在論の肯定が,「意識」については,「（主体・主観ありの）意識／世界」という観念論の肯定が各々,帰結してくる。

40

　ところで，「行動」と「意識」についての，認識論上の根本的な誤謬は，パターンとして捉えることができる。注意すべきは，これから述べる誤謬が哲学だけでなく，心理学や人間科学をはじめ，すべての科学を射程としていることである。

　一つ目の誤謬は，「行動」の系列だけを認め，「意識」の系列を無視することから生じるものである。たとえば，行動主義心理学は，人間の行動だけに着目する。そして，心や意識をブラックボックス（X）とした上で，それを，インプットされたものとアウトプットされたものの関係で捉える。要は，すべての人間行動を観察可能な基準で捉えるのだ。

　二つ目の誤謬は，「意識」の系列だけを認め，「行動」の系列を無視することから生じるものである。その代表は，観念論である。観念論では，私たちが感覚・知覚したものを意識において捉える。観念論では，世界はすべて観念の所産である。

　観念論の一つである現象学は，その典型である。現象学は，意識についての学であり，すべての対象は，意識の中での，ノエシスによるノエマとして捉えられる。現象学の目的は，世界についての確信成立の条件を考えることにある。現象学は，外界を否定するのではなく，エポケー（判断保留）するだけである（不可知論ではない）。現象学はそれほどまでに意識を重視するのである。

　三つ目の誤謬は，一つ目と二つ目のように，どちらかを無視する（あるいは，容認する）のではなく，「行動」の認識様式と「意識」の認識様式を混同し，取り違えることから生じるものである。その可能性としては，二通り考えられるが，実際に生じるのは，前述したように，「意識」の系列で「行動」の系列を捉えることである。その典型は，唯物論，特に「反映」という認識様式である。「反映」とは，意識が直にかつあるがままに物を認識し得るという認識様式である。こうした認識様式は，アフォーダンスに代表されるように，環境から情報を直に抽出するという「行動」のそれに該当するものである。

　以上述べた，三種類の誤謬を整理すると，表3（42ページ）のようになる。

表3　認識様式の根本的な誤謬とその類型

	実在	観念
1．「行動」の系列のみ：行動主義心理学	○	×
2．「意識」の系列のみ：観念論・現象学	×	○
3．「行動」の系列と「意識」の系列の取り 　　違え：唯物論	○◀—×	(○)
4．新実在論	○	○

3．思弁的実在論による相関主義批判

　ところで，ガブリエルと同時代のポストモダン後の思想として，Q.メイヤスーの思弁的実在論［Meillassoux, 2006=2016］がある。ここで，思弁的実在論を取り上げる理由は，現代の構築主義の水源となるカントの哲学を，「相関主義（correlationism）」と捉え，根本的に批判しているからである。すでに述べたように，構築主義は，観念論の現代版である。

　メイヤスーのいう「相関主義」とは何かというと，それは，存在するもの（物や他者）が必ず，私たち人間の認識とのかかわりを通して存在する，という捉え方である。相関主義の鼻祖は，カントであるが，彼は，D.ヒュームの影響のもと提唱したかの有名なコペルニクス的転回によって，世界は私たち人間にとって自らの有する感性・悟性によって現象する，と捉えた。存在するものはすべて，私たち人間にとって存在するだけなのである。たとえば，眼前に「腕時計がある」という場合，この物（腕時計）は物自体としてあるがままに立ち現われるのではなくて，私たち人間がこの物（腕時計）を知覚するという，知覚と存在物とのあいだの相関のうち立ち現われるのだ。この場合，意識と存在のあいだの相関こそ重要なのである。

　相関主義については，前述した構築主義のように，真なるものが人間が他の

人間との相互行為によって間主観的に定位されるという捉え方が存在するが，筆者は相関主義を構築主義とは異なるものと捉えている。というのも，相関主義は，人間という観察者と対象のあいだの相関が重要なのであって，人間同士の相互的かかわりは副次的な事柄，否，どうでもよい事柄なのである。

　ところが，思弁的実在論からすると，こうした相関主義は，私たち人間が有限であることに帰せられる。つまり，私たち人間が有限であることにおいて思考や認識は，相関主義という閉域（＝「内部」）に囲繞・幽閉されているのであって，その「外部」を不問にしてきた。もしかすると，私たち人間の思考・認識の「外部」にこそ，真なるものが実在しているかもしれないにもかかわらずに，である。

　以上のことから，思弁的実在論は，「内部」に閉ざされた相関主義を乗り超え，「外部」の実在へ向かう（いわゆる実在への殺到）。その際，重要になるのが，「祖先以前的（ancestral）」領域である。「祖先以前的」領域とは，科学の著しい進展によって，たとえ人間が不在の状況でも真理であると実証することのできるさまざまな分野のことを意味する。たとえば，放射性原子核の崩壊速度に基づく化石の年代測定の高精度化である。いわゆる放射年代測定法である。これは，適当な半減期を持つ放射性物質をさまざまな年代に適用するものである。たとえ人間という観察者が不在であっても，現代科学によって明らかに正しいと実証することができる事象は多々存在するのだ。

　ただ，思弁的実在論では，相関主義の立場に立つ「内部」の思考・認識と，相関主義を超える「外部」の思考・認識を棲み分ける立場として「信仰主義」［同前］を提唱する。この考え方は，宗教一般にみられるものである。宗教の場合，理性や知性にとって接近することのできない超越的なものを（理性や知性の）「外部」に見出し，その「外部」の実在に接近するものとして信仰を措定するのだ。裏を返せば，信仰は有限者が無限者に接近するための行為なのである。信仰によって「外部」は仮構されるのだ。

　思弁的実在論は，人間という観察者不在の「祖先以前的」領域の真の実在に

向かう通路を作り出そうとする試みであり，その手段を数学的思考に求めるが，こうした戦略に何ら根拠は存在しない。数学が用いる数式や法則もまた，人間の意識が存在とかかわる上での媒介もしくは道具であることから，数学もまた相関主義の立場を採るのである。

　以上，思弁的実在論の本質が明らかになったいま，それと新実在論の根本的な違いについて先取りすることにしたい。

　この点については後述するように，ガブリエルは後期ハイデガーの性起思想に基づきながら，世界が自ら退隠することによって言明を行う主体に対してその言明を可能にするものとして対象領域を与える。つまり，世界は存在しないことによって対象領域を主体に付与する。この点について，『神話・狂気・哄笑』の訳者解説の岡崎龍は，注目すべきことを註釈で述べている。

　「ガブリエルが後期ハイデガーの『退隠』ならびに『性起』概念を，世界をある種の言明に対してのみ特権的にアクセス可能にしてしまうような見方を克服するものとして積極的に評価しているのに対して，メイヤスーは『性起』の概念を相関主義として退けている。」［岡崎龍，2018：333］，と。私見によると，性起および退隠は，人間と世界の媒体もしくは相関ではないのである。

IV. 新実在論と意味の場の存在論
——「なぜ世界は存在しないのか」

　前節では，ガブリエルを敷衍しながら，素朴実在論および構築主義との比較を通して，新実在論が採る認識様式，すなわち認識論を明らかにした。その際，新実在論は，観察者およびその視点に依存するのではなく，物や事実そのものの実在を容認する立場を採ることから独自の存在論を展開することになった。いわゆる認識論から存在論への転回の要請である。しかも，新実在論は「世界は存在しない」という独自の存在論，すなわち無世界観および意味の場の存在論を提示している。

　では次に，新実在論の存在論へと論を進めていくことにしたい。その際，初めに解明すべきなのは，「世界はなぜ存在しないのか」という新実在論の本質にかかわる存在論的問いである。

1. 物，事実，対象領域

「世界はなぜ存在しないのか」——この存在論的問いを解明するにあたって，ガブリエルはまず，「世界」とは何かについて言及した L.ヴィトゲンシュタインの『論理哲学論考』の次の言葉に注目する。「1　世界は成立している事柄の総体である。1・1　世界は事実の総体であって，ものの総体ではない。」

　この，ヴィトゲンシュタインの言葉に示されるように，世界は大きな集合体であるが，それは物の総体ではなく，事実の総体である。世界は事実だけを総括するのだ。世界を説明するにあたってガブリエルが用いる概念は，まず「物」と「事実」であるが，世界の中に存在する「物」を言葉で示すことで「事実」が生じる。ガブリエル自身が例示する「ポスト・タワー」を引き合いに出すと，

45

「ポスト・タワー」は世界の中に存在する「物」であるとともに，たとえば，「ポスト・タワー」は「ボン市にある高層ビルである」，「最上階からの眺めは美しい」，「高級レストランが沢山ある」等々となる。このように，「ポスト・タワー」についての「事実」が述定される。

　さらに，ガブリエルが述べるように，「存在するもののすべては，その都度，ある対象領域においてのみ存在する，つまり，存在するもののすべてはある対象領域においてのみ現われるということ，そして，対象領域は集合に類似する点がいくつもあるということである。」[Gabriel, 2013：319]。

　再び，「ポスト・タワー」で例示すると，それは，建築という対象領域，会社という対象領域，原子の集合体という対象領域，芸術作品という対象領域等々といった具合に，である。

　また，「ポスト・タワー」は，その横に立つ高層ビルの「ランガー・オイゲン」と「一括りにし，一つの物として把握」[同前]したり，そのビルにある「エレベーターからドアノブ，表札，さらには洗面台等々に至るまでの様々な物を一括りにしているのである。」[同前]。つまり，「同じ物の同一性をまったく違ったやり方で配置することもできる」[同前]わけである。

　このように，「ポスト・タワーの同一性は，ポスト・タワーがその都度どんな対象領域に現われるか，また，対象領域に入る際の規則がどのように確定されているかということにかかっているのである。」[同前]。とはいえ，「ポスト・タワーは天文学や心臓の循環障害のような対象領域に配置することはできない。なぜならば，ポスト・タワーは惑星でも恒星でもその他の旋回する巨大物体でもなく，また，有機体でもないからだ。」[同前]。

　こうして，世界は，物や事実だけでなく，対象領域を包括していて，「この対象領域が，あるものが何と配置されるかをその都度規定しているのである。」[同前]。世界は，物，事実，さまざまな対象領域の三者から説明することができることになる。重要なことは，世界が物，事物，対象領域から成り立つことから，世界とこれら三者は同一次元のものではないということである。つま

り，物，事実，対象領域は広義の「対象」であるのに対して，世界は「対象」
ではないのだ。

そのことの帰結として，一見，世界と同義語と見なされる「宇宙」は，世界
と同一ではないこと，世界と宇宙は同一次元として語ることができないことが
明らかになる。ところが，物理学主義という立場と唯物論は，「世界＝宇宙」
とみなしている。そのことを含め，次に，世界と宇宙は同一でないことについ
て述べることにしたい。

2．「世界＝宇宙」という等式から生じる誤謬
——物理学主義と唯物論

前述したように，世界は，物，事実，対象領域から成り立つとともに，世界
はこれら三者のように対象とはならない。そのことからすると，宇宙は，さま
ざまな対象領域があるうちのごく一部の学問，すなわち物理学の対象領域にす
ぎないことがわかる。宇宙は一つの対象領域なのであって，宇宙以外の対象領
域が多々存在していることはいうまでもない。

ところで，ガブリエルは，世界について論じる際して「世界」に準じた概
念として「宇宙」に言及している。ガブリエルは，「宇宙」という概念の分析
を通して得られた知見を五つに要約する［Gabriel，2018：74］。

1　宇宙は物理学の対象領域である。
2　対象領域は数多く存在している。
3　宇宙は，数多くある対象領域のひとつにすぎず（大きさの点で最も印象
　　的な対象領域であるとしても），したがって存在論的な限定領域にほか
　　ならない。
4　多くの対象領域は，話の領域でもある。さらにいくつかの対象領域は，
　　話の領域でしかない。

5　世界は，対象ないし物の総体でもなければ，事実の総体でもない。世界
とは，すべての領域の領域にほかならない。

　ガブリエルが要約するように，宇宙が，数多の対象領域のうちの一つである
のに対して，世界は，すべての領域の領域である。宇宙と世界は，存在論的に
次元が異なる概念なのである（ただし，すべての領域の領域だと規定される「世
界」という全体的な概念自体は，存在しない）。

　このように，世界と宇宙は，存在論的次元の異なる概念であるにもかかわら
ず，「世界＝宇宙」だと捉える誤った認識から「物理学主義」と「唯物論」が
派生してくる。

　まず「物理学主義とは，現実に存在するすべてのものが宇宙のなかにあるこ
と，したがって物理学によって研究されうることを主張するものである。」
［Gabriel, 2013=2018：47］。

　「これにたいして唯物論とは，現実に存在するすべてのものが物質的である
ことを主張するものである。」［同前］。この場合の「現実に存在するすべての
もの」は，宇宙の中に現われるものであり，それはすべて，物質的なもの（原
子，今日的には素粒子）から構成されていることになる。さらに，重要なこと
は，すべてのものが物質的なものから構成されているだけでなく，それを認識
する私たちの思考もまた，脳の何らかの物質的な状態から構成されているとい
うことである。

　唯物論では，宇宙に存在するすべてのものと，それを思考・認識する脳は，
物質的なものへ還元し得るのである。唯物論についての説明は，前述したが，
そこで述べたように，意識の働きは，意識の「外」に，意識とは独立して実在
する物質（外界物質）を脳の中の外界「像」に反映したものなのである。要す
るに，意識は外界の反映像なのだ。裏を返すと，意識から物質（外界物質）を
説明することはできない，ということである。つまり，正統な唯物論において
は，「外界物質＝外界物質『像』」と措定されることになる。哲学的にいいかえ

48

ると，「主観－客観」関係において，主観，すなわち意識は，客観を客観の像
として正確に捉える（＝反映する）ことができるということである。

　このように，唯物論が「世界＝宇宙」と捉えること自体，誤りであることに
加えて，ガブリエルによると，次のような矛盾を抱えている。

　「唯物論の想定によれば，ひとが想起したり想像したりする対象が必ずしも
物質的ではないとしても，その根拠や想像それ自体は脳の何らかの状態であり，
したがって物質的である。しかし，これはとても奇妙な想定である。たとえば，
この想定によると，物質的なものであるはずの脳の状態が，それでも想像とい
う形で，物質的でない対象に関わることがありえることになる。」［Gabriel,
2013＝2018：47-48］。そして，「唯物論者の考えでは，物質的でない対象につ
いての想像が存在するのは，それを想像するわたしたちが，物質的でないもの
を対象とする物質的な状態にあるからである」［同前：48］ことになり，「唯物
論者は，『物質的な状態だけが存在する』という考えが想像でないことを，ど
こから知るのか」［同前］確かめることができなくなることになる。

　このように，「世界」の有無を問う以前に，物理学主義も唯物論も，根本的
に誤った捉え方であることがわかる。また，物理学主義と唯物論は，「具体的
・物質的な性格」を有する「物」［同前：55］だけが対象となり，夢や空想や
幻など「物」でないものは対象とはなり得ないのである。後述するように，ガ
ブリエルは「世界」は存在しないにもかかわらず，「一角獣」や「キューピッ
ド」などが存在することを認めるのだ。

　以上のように，世界は，物，事実，対象領域から成り立つとともに，物や事
実は対象領域によって配置を決定されることが明らかになった。では，世界は，
物や事実，または対象領域と同一視することができるのであろうか——それは
否であろう。では次に，そのことをガブリエルが依拠する「性起（Ereignis）」
という後期ハイデガーの存在思想を手がかりに解明することにしたい。

3．性起としての世界
——否定的存在論

　結論から述べると，世界は，物・事実・対象領域のように，対象（存在者）という様相において立ち現われない。この点については詳細な説明が必要となる。

　ガブリエルは世界が世界であることの所以を次のように述べている。

　「あれこれに規定された物はすべて，自らを他の諸物から区別する諸々の性質からなる有限な集合を持つことになる。……世界のうちに現われないものは何物も存在しないのだから，世界は［世界のうちに現われる物の］すべての性質を持っていることになる。それゆえ，世界は他のものとの区別を可能にするようななんらかの性質さえも持つことがないのである。したがって，世界はなんらかの仕方であらゆるものであるがために，世界は同時に何物でもない［無 nicht］ということになり，つまり，他の物と並んだ規定された物ではないということになる。そう，世界は物ではない。」［Gabriel，2013＝2018：322］。

　このように，世界は物やその集合体ではない，ということから，世界は，物を述定する事実でもないことになる。では，世界は対象領域かというと，そうでもない。なぜなら，物や事実が現われ，作り出すところの対象領域もまた，世界において初めて現われることができるからである。つまり世界は，物や事実，（それらがそれを通して現われるところの）対象領域とは異なり，相対的な区別が不可能であるすべての性質を持ち合わせているのだ。世界が，物と物の性質上の区別，そして，対象領域と対象領域の性質上の区別ができないということは，世界は対象ではなく，むしろ「何物でもない『無 nicht』」ということになる。ガブリエルは，世界を「全領域の領域」，もしくは「開け」（＝超越論的「開け」）と名付けたハイデガーを踏襲している。

　そのことはさらに，「そこですべてが生じているにもかかわらず，自らは存在しないというこの奇妙な領域，つまりは世界」［同前：324］は，「性起」を

意味する。「世界は存在するのではなく，性起するのである。」［同前］。

　ガブリエルは，「性起」としての世界を，あらゆるものが現象しているにもかかわらず，それ自体，現象することのない「光」として捉えているが，この「光」は単なる比喩ではなく，文字通り，あらゆるものを現出させるところの世界なのである。

　ところで，筆者は後期ハイデガー思想の性起について著書で述べたことがある［中井，2017a］。その論述を世界に定位して論述すると，次のようになる。

　世界は，物や事実，対象領域のすべてがさまざまな形で立ち現われる在所でありながらも，対象（存在者）のように，現前に露現するような物ではない空なる生起であるがゆえに，同時に退去し，隠れて消えてしまう（＝退隠）。世界の退隠こそ，物や事実，対象領域が生起（現出）する上での，積極的な前提を形成する。あるいは，世界そのものは，見失われることを代償にして初めて，物や事実，対象領域を生き生きと起動させることができる。つまるところ，世界の退隠と物などの生起は，互いに分離不可能な，同時的錯合現象である。このように，本来，世界は自らは退隠することによって，物や事実，対象領域を立ち現われさせるところの，「無」または「光」なのである。かつては「世界の地平モデル」と呼ばれたが，「世界は存在しない」ということを肯定的に述べる上では，性起の方が適していると考えられる。繰り返し強調すると，物などの立ち現われ（現実生起），すなわち有（Sein）とは，世界の退隠（現実脱去），すなわち無（Nicht）にほかならない。

　ガブリエルは「世界は存在しない」というテーゼのことを「否定的存在論の主命題」［Gabriel, 2013=2018：115］と呼ぶが，こうした「世界の否定」は，世界が性起であること，そして世界が退隠することでしか，さまざまな対象領域も，その中で配置され，生み出される物や事実も作り出すことができないということを意味することから，ポジティヴに捉えられるべきである。世界は存在しないという無世界観を前提とする存在論は，世界の構造から必然的に帰結するものなのである。

これまで述べてきたことについて，『神話・狂気・哄笑』の訳者，岡崎龍は，いみじくもつぎのように述べている。

　「世界のうちに存在する『物』や，それについて述定を行うことで生じる『事実』は，いずれも，説明の対象をそれと分節化することを可能にする『対象領域』を必要とする。ところが，こうした『対象領域』をそれとして分節化するためには，それを可能にする別の（こうした背進によって成立する新たな境位は『高階的』と呼ばれる）『対象領域』が必要となる。してみると，我々があるものについて言明を行う時には，その言明の境位である『対象領域』は，その都度その都度高階的な『対象領域』を生み出すことになる。ここで重要なのは，『対象領域』がこのように絶えず高階的に生み出され続ける構造が，言明そのものの性質としてではなく，言明を行う主体を含む世界そのものの構造として理解されている点である。」[岡崎龍，2018：331]，と。

４．意味の場の存在論

（１）意味の場――肯定的存在論

　前述したように，ガブリエルは，「世界は存在しない」というテーゼを「否定的存在論の主命題」と名づけたが，これに対応して提示されたのが「『限りなく数多くの意味の場が必然的に存在する』という肯定的存在論の第一主命題」[Gabriel，2013=2018：115] である。

　「否定的存在論の主命題」は，物や事実など何かが生成するためには，世界が何物でもない無として退隠するという構造を有することが不可欠だということを示すものであった。これに対して，「肯定的存在論の第一主命題」は，「世界は存在しない」（＝世界は存在者［対象］とはならない）ことを踏まえた上で，存在することとはどのような事態であるのかについて積極的に論を展開する。その際，導入される概念が「意味の場」である。ガブリエルを敷衍すると，「意味の場」とは，存在する何かが現象する場のことであり，物についての正

しい思考様式に対応するものを通して個別に捉えられる，存在するものの領域である。

ガブリエルは，「存在すること＝世界のなかに現われること」という等式に改良を加えて「存在すること＝何らかの意味の場のなかに現われること」［同前：97］という等式を提示する。彼は，この等式のことを「意味の場の存在論の原則」［同前］と呼ぶ。そして，「意味の場の存在論は，こう主張する。およそ何かが現象している意味の場が存在しているかぎり，何も存在しないということはなく，そこに現象している当の何かが存在している。」［同前：97-98］。「存在しているのは，無限に数多くの意味の場だけである。」［同前：106］。

ところで，性起の思想から世界の退隠構造（無世界観）を明らかにしたガブリエルは，意味の場の存在論からも「世界は存在しない」ことを論証する。いわゆる「無世界観の主証明」は，ガブリエルによって次のように論証される［Gabriel，2018：331-332］。

1　存在するというのは，意味の場に現象するということである。
2　世界が存在するなら，それは何らかの意味の場に現象する。
3　多くの意味の場が存在する（存在論的多元論）。
4　世界の外にはいかなる対象も存在しない（世界はすべてを包括する）。
5　何らかの意味の場に現象するものは対象である。
6　対象はつねにかくかくしかじかのものである（存在論的記述主義）。
7　対象一般とは特定の記述のもとにあるのではない対象である。
8　対象一般は存在しない。対象はさまざまな意味の場にのみ存在する。
9　世界は対象一般の意味の場ではありえない。というのも，もしそういうことになると，対象一般はその定義に反して特定の記述のもとにある，ということになるからである。この記述によって当該の意味の場，つまり世界は個別化されてしまうだろう。
10　それゆえ，世界はもろもろの意味の場の意味の場でしかありえないであ

ろう。しかし4にしたがうと世界はすべてを包括すべきなのだから，世界はあらゆる意味の場の意味の場でなければならない。

11　世界が存在するならば，そのうち世界が現象するような意味の場が存在する。だがそうすると，世界自身も含めて，存在するあらゆるものを包括するような何らかの記述が存在するであろう。

12　ところがそのような記述は存在しない。

∴世界は存在しない。

　こうした論証過程の帰結として，10 に示されるように，「世界はもろもろの意味の場の意味の場」であることになる。つまり，「世界とは，すべての意味の場の意味の場，それ以外のいっさいの意味の場がそのなかに現象してくる意味の場である。」[Gabriel，2013＝2018：109]。この場合の「意味の場の意味の場」は，前述した，ハイデガーの「全領域の領域」に対応する。

　しかも，世界は「意味の場の意味の場」であっても，意味の場とは異なるのだ。では意味の場とは何かについてあらためて述べると，1のように，存在することはすなわち，意味の場に現象することであることから，意味の場は存在する何か，すなわち対象を現象させるところの何かであることになる。そのことに関連してガブリエルは，「青い立方体」という対象を例にしながら，次のように述べている。すなわち，「青い立方体」という「この唯一の対象だけが存在していて，それ以外には何も存在していないとすると，当の青い立方体がそこに現象すべき意味の場も存在していないことになる。しかし，だとすると当の青い立方体も存在していないことになってしまう。およそ何かが存在するには，当の何かがそこに現象すべき何らかの意味の場が存在していなければならないからである。かくして，たったひとつの対象だけが存在しているとすると，およそ何の対象も存在していないことになってしまう。」[同前：115]，と。

　裏を返せば，私たちが用いるボールペンは，現実にも，映画の中にも，小説の中にも，それぞれに存在する，すなわち複数の意味の場に現象するわけであ

って，たった一つの対象というわけではない。普通，存在するものは，現実世界のみならず，可能世界にも存在するのである。むしろ「青い立方体」という唯一の対象が存在することはあり得ないのだ。ガブリエルが頻繁に述べる「ユニコーン」でさえ，神話をはじめ，複数の意味の場に存在するのである。ところが，世界だけは存在しないのだ。なぜなら，もし世界が存在するとすれば，世界は必ず意味の場に現象せざるを得なくなって，そうしたすべてを包括する世界が存在することができないからである。

たとえば，ガブリエルが図示するように，世界が意味の場 S_1 に現象したり（図3［同前：110］），または，意味の場 S_1 以外の意味の場 S_2・S_3 が世界の中に現象したり（図4［同前：111］）することは，世界が世界の中に現われてくることになり，矛盾してしまうことになる。つまり，世界が何らかの意味の場に現われること自体，矛盾しているのだ。したがって，図3，図4ともに，「世界は存在しない」ことを示している。

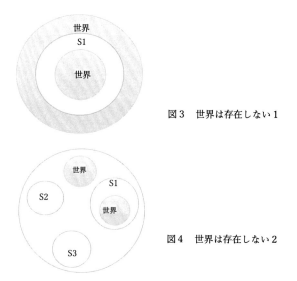

図3　世界は存在しない1

図4　世界は存在しない2

なお，ガブリエルは，世界は世界の中に現象しないことを論証するために，私が見る世界の視野に，私自身の眼は含まれないといったヴィトゲンシュタイ

ンの例示を引き合いに出す［同前］。要するに，私たちの視野の中に見えるのは，対象だけなのである。ここでガブリエルのいう世界は。ヴィトゲンシュタインのいう視野それ自体に対応する。

　こうした論理からガブリエルは，世界が成立するためには，「少なくともひとつの対象と，ひとつの意味の場が存在することなる。ただし，さらなる意味の場がもうひとつ存在していなければならない。たったひとつの意味の場だけが存在するためにも，否定的存在論の主命題によって，当の意味の場がそこに現象している別の意味の場がさらに存在していなければならないからである。かくして，少なくともひとつの対象と，二つの意味の場が存在することになる。」［同前］。

　そして，少なくとも一つの対象と二つの意味の場が存在することから，「肯定的存在論の第二主命題」，すなわち「どの意味の場もひとつの対象である」［同前：116］というテーゼが導出されることになる。

　この第二主命題は，存在するもの，すなわち対象は，意味の場を通して現われるということと，意味の場もまた対象となるが，世界は対象とはならないということを意味する。

　ところで，（何かが）存在することは，何らかの意味の場に現象することであるが，この，存在することと，前述した物，事実，対象領域は，どのような関係になるのか。私見によると，物およびそれを述定した事実，対象領域は，存在的－認識論的レベルに属するのに対して，存在することおよびそれが意味の場に現象することは，存在論的レベルに属すると考えられる。ハイデガーは，存在と存在者の相違を「存在論的差異（ontologische Differnz）」と捉えたが，この場合，物，事実，対象領域（といった三者）が存在者に対応するのに対して，存在することや意味の場は存在に対応するのではないか。存在的レベルから捉えても，存在論的レベルから捉えても，「世界は存在しない」ことに変わりはないが，物，事物，対象領域からすると，世界が性起（＝退隠）することでこれらを現象させる領域となるのに対して，存在することや意味の場からす

ると，世界はすべての意味がその中に現象する意味の場となるのである。

　このように，新実在論に潜む存在的－認識論的レベルと，存在論的レベルを区別することで，新実在論を十全に理解することができると考えられる。

（2）新実在論と相対性理論

　新実在論と物理学の有する世界観の関係に言及することは，新実在論の本質を知る上で有益であると考えられる。

　ところで，ニュートン力学は，次のような前提に立っている。すなわちそれは，物体が空間の中で運動したり変化したりするが，空間そのものは永久不変に存在する，いわゆる「絶対空間」（＝絶対的に静止した座標系［絶対座標系］）を前提とする。また，それは，時間が過去から未来に向けて直線的にかつ不可逆的に流れ，宇宙のすべてにおいて同一の時間である，いわゆる「絶対時間」を前提とする。このように，ニュートン力学は，絶対空間と絶対時間といった不変の枠組みおよび世界観を前提としている。

　ニュートン力学に対して，アインシュタイン力学，特に特殊相対性理論（観測者に重力，すなわち加速度が加算されない特殊な状況での力学法則）は，次のような前提に立っている。すなわちそれは，絶対空間を否定するとともに，相互の運動状態（静止／運動の見え）の関係そのものを重視するということを前提とする。また，それは，絶対時間を否定し，各々の個体が時間の流れを持つこと，したがって個々によって時間が速くなったり遅くなったりするというように，時空が相対的なものとなることを前提としている。

　時間認識の差異はともかく，空間認識について両者の差異を述べると，ニュートン力学では，容れ物としての空間（絶対空間）が先にありきであって，その容器の中で物体が運動したり変化したりすると捉えられるのに対して，アインシュタイン力学では物体が存在することが先にありきであって，その物体の運動や変化によって容れ物としての空間に意味が生じるのである。後者をアインシュタイン的に述べると，物質の存在（重力）によって空間が歪む（曲がる）

57

ことになる。また，世界観から見ると，ニュートン力学が，永久不変の世界観となるのに対して，アインシュタイン力学は，常時，変化する力動的な世界観となる。

このように比較すると，新実在論の唱える無世界観および意味の場の存在論は，アインシュタインの世界観，すなわち力動的で多様な世界観に近いことがわかる。

（3）新実在論の要点——何が革新的か

以上，ガブリエルを敷衍しながら，新実在論の本質を捉えてきた。そこで私見を交えつつ，新実在論の要点をまとめることにする。

まず，新実在論は，素朴実在論と同様，対象そのものが実在すること，すなわち観察者（の視点）に依存しないものの実在を容認する。端的にいうと，ヴェズーヴィオ山そのものは実在するのだ。もっというと，ヴェズーヴィオ山は，人間（観察者）がいてもいなくても，実在することになる。新実在論は素朴実在論の立場を容認している。

ところが，新実在論は素朴実在論とは異なり，観察者の視点（パースペクティヴ）を介在した対象が実在することを容認する。対象は，観察者の視点の併存および相互的交渉によって複数化され豊富化される。新実在論は構築主義の立場を容認するのである。

こうして，新実在論は，素朴実在と構築主義の双方を容認するが，新実在論は物自体，またはそれに類するものを前提としている。つまり，新実在論においては，対象そのものと直にかかわることができるということ［＝素朴実在論の容認］と，各々の観察者がこの，対象そのもの（＝物自体）を共有しているからこそ，個々の視点（パースペクティヴ）によって捉えることができるということ［＝構築主義の容認］が矛盾なく両立しているのである。こうした意味で，新実在論は，構築主義およびその進展態であるポストモダン思想を経由した新しい実在論なのである。

　ところで，新実在論は，（ガブリエルがドイツ語圏に属することも関係して）後期ハイデガーの性起思想を模範に，「世界は存在しない」という無世界観の立場を採る。つまり，世界は自らを退隠しながら，物，（物を述定する）事実，（物や事実を配置する）対象領域を現象させる領域である。

　また，新実在論は，「世界は存在しない」という否定的存在論に加えて，意味の場の存在論という肯定的存在論を提唱する。肯定的存在論は，「限りなく数多くの意味の場が必然的に存在する」と「どの意味の場もひとつの対象である」といった二つの主命題から成る。存在することは，何らかの意味の場に現象することであるが，この「存在すること」と，物，事実，対象領域といった存在的－認識論的なレベルは，ハイデガーのいう存在論的差異と同様，レベルが異なる。何かが意味の場に現象することは，私たちが何かと「出会う」という個別的かつ実存的な体験に通底していると考えられる。

結　語

　以上述べてきたように，ガブリエルによって構築された新実在論は，旧来の
素朴実在論を，構築主義およびその進展態としてのポストモダン思想を経由し
てメタモルフォーゼした，文字通り「新しい」実在論である。新実在論は，直
に物そのものとかかわると同時に，個々人の視点（パースペクティヴ）が捉え
た個々の物の多様性を認める特異な哲学である。さらに，こうした認識様式を，
世界は存在しないこと（＝無世界観）および意味の場によって存在論へ進展さ
せるものである。私見によると，ガブリエルの新実在論は，認識論的−存在的
レベル（物・事実，対象領域）と存在論的レベル（意味の場）の，いわゆる存
在論的差異を見定めつつ，世界は退隠することで対象や意味の場を開示すると
いう世界構造──後期ハイデガーの性起思想──を提示する。私見によると，
新実在論が，単に認識論的−存在的レベルに終始するのではなく，意味の場の
存在論を展開したことに意義を見出している。何かが「存在する」とは，（世
界が退隠しつつもそのことを通して）意味の場が開示されることなのである。

　このように，ガブリエルは高邁な知性によって実在論と構築主義を統合する
とともに，無世界観によって意味の場の存在論を構築してきた。繰り返すと，
新実在論は知性によって構築された哲学・思想である。

　ただ，筆者からすると，新実在論の問題点は，偏に「行動」と「意識」の区
別を行っていないことにある（そのことは，表3に示した）。そうした区別を
無視することで，次のような矛盾が生じてくる。つまり，それは，見る主体の
如何を問わず，実在論（素朴実在論）よろしく，ある山の実在を無条件に肯定
するが，そのことが可能なのは，「行動」に基づく認識を通してだけであって，
「意識」に基づく認識を通してではないのである。こうした誤謬に陥らないた
めには，「行動」と「意識」を明確に区別する必要があるのだ。

総じて，哲学・思想は元より，あらゆる科学においては，「行動」と「意識」の区別を忌み嫌い，すべての人間の活動を「意識」へ統合したいという欲望が強い。その結果，カントのように，「意識」を中心とする認識論を構築しつつ，「行動」ではそもそも，分離されることのない，「現象」と「物自体」を分離して，「物自体」を否定したり，唯物論のように，本来，「行動」の認識様式である「反映（創造的反映）」を，「意識」の認識様式として謬って捉えたりするなど，さまざまな混同や誤解を生み出してきたのである。

　裏を返せば，筆者は，「行動」と「意識」を区別するといった修正さえ加えれば，新実在論は最も優れた思想となり得ると考えている。何よりも，これまでの，西欧の二分法的思考法，特に実在と観念の対立を解決した最新の思想である。また，新実在論は，認識様式そのものの刷新に加えて，同じドイツの哲学者，ハイデガーの Ereignis を継承しつつ，世界認識を刷新することによって，私たちがさまざまな物，事実，対象領域との遭遇の中で自由に意味を生成することを許容し得る思想でもある。端的には，徹底的に自由の思想なのである。

　筆者としては，新実在論を海図とすることで，新しい認識様式のスタートポイントに立つことができたと自負している。これで，『「行動」と「意識」』の第一部は終了である。今後は，修正版・新実在論（特に，意味の場の存在論）を足場に，新実在論よろしく，私たち人間が世界に向けて投企する意味を動態的に記述していきたいと考えていきたい（続編に相当する第二部）。その際，有力な手がかりとなるのは，「プロジェクション」である。近年，認知科学分野では，暗黙知理論からプロジェクション論が構築されつつあるが，筆者もそれを範型に「意味のプロジェクション」について思索を深めていくことにしたい。

補章　「観念論者はレーニンの夢を見たか」・再び
──長きにわたる実在論擁護の道のり

　筆者は，いまから約 6 年前に『観念論者はレーニンの夢を見たか』（2015年）という著書を執筆した［中井，2015b］。1991年にソビエト連邦が崩壊してから四分の一世紀が経ったこの時期に，「レーニン」を扱った本書の売れ行きは最悪であった。ただそれでも，筆者としては，社会主義・共産主義の失墜およびその思想的主柱である弁証法的唯物論のフェードアウトとともに，一緒に洗い流された感のある「物質」概念，もっといえば，「物の実在」や「実在論」に惜別の念を禁じ得なかった。何とか，実在論を復活できないものか，と。実在論の再興を計るといっても，もはや唯物論に頼ることは不可能であった。しばらくのあいだ，実在論の復興をめぐって自問自答が続いた。その後，かなりの時間が経過した後で，本書で取り上げたガブリエルの新実在論という救世主が現われるわけであるが……。

　ここでは，新実在論が思想界に登場する前に，筆者が物の実在や実在論について考察してきたことを論述することにしたい。なお，本章は前出した著書を底本に大幅改定したものである。

　本章の構成は，次の通りである。

　まず，第 1 節では，今日の高度情報社会における「脱物質化」傾向，すなわち「物質」を「情報」に還元するという傾向に言及する。これは一種の「情報プラトニズム」である。

　次に，第 2 節では，実在論を擁護する前段階として，科学哲学が提示する「観念論／実在論」の対立および区分を概観する。この作業によって，あらためて，観念論とは何か，実在論とは何か，そして各々についてどのように類型化し得るのかを整理する。

次に，第３節では，前述した「情報プラトニズム」に対抗するために，もはや亡霊と化した正統の唯物論を召喚する。この作業によって，どうして唯物論によって実在論を擁護し得ないのかについてあらためて論証する。その際（当時），筆者は，「高次脳／低次脳フレームワーク論」を用いた。実は，筆者自身，これを用いていたことを失念していたが，現時点で考えると，「低次脳フレームワーク」は「行動」に，「高次脳フレームワーク」は「意識」に，各々，対応することがわかる。概念や理論の変更こそあれ，筆者の認識様式に変化はなかったことになる。

　続く，第４節では，実在論を擁護できなかった正統派唯物論に代わって「新しい唯物論」（「ネオ・マテリアリズム」）を取り上げ，それが実在論を擁護できるかどうかを論証する。ここで取り上げるのは，白井聡と中沢新一の，新しいレーニン解釈に基づく唯物論である。筆者としては，当時，新実在論の存在を知らなかったことから，彼らの唯物論に依拠したわけである。

　その後の第５節では，これまでの節で述べたことを総括しつつ，「高次脳／低次脳フレームワーク論」から，筆者の結論をまとめる。新実在論の登場によって初めて，実在論を擁護し得るわけであるが，当時は，この理論によって実在論を擁護する可能性を模索していた。

　本来，この補章は，本章の中に組み込むべきところであるが，そうするとかえって論の展開がわかりずらくなることから，このように，本章の後の，補章として論述することにした。

１．情報プラトニズム批判

　近年，多くの研究者は，高度情報社会において生じてきた，脱物質化，物質軽視，物質からの解放等を問題視しつつある（さまざまな表現が可能であるが，ここでは「脱物質化」で統一する）。ひと頃，世間で普及した「物質の豊かさと心の貧しさ」というコピーは，こうした脱物質化を庶民の立場から表したも

のである。特に，脱物質化という問題については，ネオ唯物論を標榜するF.ダゴニェが早くから哲学・芸術・教育において問題視してきた［Dagognet, 1985＝2010］。

　では，あらためて高度情報社会でいう脱物質化とは何を意味するのであろうか。

　たとえば，ある人工知能研究者は，これについて次のように述べている。

　「私たちは，脳を『ハードウェア』，心を『ソフトウェア』と表現している。この二元論的なソフトウェア＝ハードウェアのパラダイムは，生命そのものを含め，さまざまな分野で使われている。細胞は，遺伝情報，すなわちゲノムという『プログラム』を実行する『コンピューター』だ。『コード』は DNA に書かれている。生物学の最先端の研究は，インビトロ（in vitro），すなわち試験管のなかではなく，インシリコ（in silico），すなわちコンピューターのなかで行われている。生物情報学，すなわち生物のデジタルデータの収集，タギング，保存，操作，マイニングは，今日，および将来の生物学研究だ。生命をコンピューターにたとえる比喩は，実際の問題で明らかにうまく使えることによって強化される。分子生物学の画期的なテクノロジー（たとえば，『DNA プリンティング』）の多くは，デジタル情報を基礎として機能する。DNA プリンティングの仕組みはこうだ。DNA は，アデニン－チミン（A － T）とグアニン－シトシン（G － C）の2つの塩基対から構成される分子である。……生物学者たちは，塩基対のピースをかき混ぜて別のシーケンスにするという方法でDNA 分子を結合し直す。これは，塩基対（A － T，G － C の対）があり，生命体のゲノムがわかっていれば，どのような生命体の DNA でも作ることができるということである。実際，合成生物学では，まったく新しい生命体を作っている。」［Zarkadakis, 2015 ＝ 2015：186-187］

　この，人工知能研究者の引用文から，脱物質化に関して，生物学の最先端の研究が試験管の中の物質ではなく，コンピューターの中の情報（ソフトウェア）であるということ，分子生物学の画期的テクノロジーの一つである DNA プリ

ンティングでは，DNA 分子（塩基対）という情報をベースに，それらの結合によって新しい生命体を作り出すことができるということが述べられている。今日の生物学は，生物「情報」学であり，「合成」生物学であるのだ。それは，物質ではなく，情報をベースに研究が促進されているのである。

　こうした前提に立つと，「私たちの心または魂が純粋な情報から作られているなら，私たちは本質的にソフトウェアだということになる。人間の存在論は，情報に還元される。この論理に従うなら，私たちの意識をコード化するソフトウェアは，生物学的な基盤から抽出し，コンピューターにダウンロードし，光の速さで宇宙の端まで転送できることができるはずだ」［同前：189］ということになる。

　実は，こうした考え方を反映した映画がある。それは，2014 年に製作されたアメリカの SF 映画の一つで，W.フィスター監督，J.デップ主演の〈トランセンデンス〉という作品である。近未来，人工知能を研究する天才科学者は，反テクノロジーを標榜する過激派集団の銃弾に倒れるが，彼の妻が夫の死の直前に感情，知能，意識等，脳の全データを最初は人工知能にアップロードする。この天才科学者の身体は滅びたが，頭脳は人工知能（スーパー・コンピューター）にインストールされることにより蘇ったのである。その後，彼はその人工知能からコンピューター・ネットワークへと移動し，それを通して軍事機密や個人情報等々，世界に分散しているあらゆるデータを入手し，加速度的に進化を遂げる。しかも，彼は障害者や病人を瞬時に完治するナノマシンを完成させ，それを投与した人間を意のままに操作する。からだを失った彼は，ナノマシンを使って制作した人造人間を作り，蘇ったからだで妻に近づくのである。

　一見，奇想天外なストーリーにみえるが，物質よりも情報を優先する，そして物質的な世界を超えたところに情報があるとする考え方は，あり得ないことではないのである。今日では，こうした考え方もあり得るというほどまでに，情報がすべての根底に据えられている。

　藤本一勇は，こうした脱物質化，すなわち物質軽視・情報優位の捉え方を「情

66

報イデアリズム」もしくは「情報プラトニズム」と呼び，次のように批判している。

　「情報をめぐる様々な言説が，伝統的哲学におけるプラトン主義やデカルト主義，すなわち一般的に言えば，観念論の尻尾をひきずっていること……。つまり，多くの情報思想が，物質や素材や状況といったマテリアルなものからの解放欲望に取り憑かれており，場合によっては，マテリアルなものへの軽視や蔑視，さらには無視といった傾向さえ見られるということ［である］。……情報という事柄あるいは出来事において，非マテリアルな事態はあり得ない［ということ］」［藤本一勇，2013：211］である。

　藤本もまた，ネオ唯物論に近い立場から，情報万能論を批判するとともに，情報には物質が不可欠であることを唱えている。そして彼は，「情報プラトニズム」という言葉を用いて脱物質化傾向を批判するが，そこには，プラトン（プラトニズム）よろしく，形相（エイドス／イデア）の真実在に対する質料（ヒュレー）の軽視を問題にしている。藤本は，「形相＝パターンの同一性の力にのみ目を奪われて，その形相＝パターンが同時に，それと不離不即の物質でもあり，多様性（ずれ，逸脱，自由）の源泉でもあることを見落としてはならない」［同前：213］と述べている。

　こうして，今日の高度情報社会が私たちに対して脱物質化，すなわち物質からの解放という欲望を無意識的な形で強要しているとすれば，しかも，藤本のいうように，プラトニズムをはじめとする観念論の尻尾をひきずっているとすれば，その原因となる情報，すなわち形相・パターン（同一性）としての情報そのものから物質を解き放つ必要がある。もっというと，生物情報学や分子生物学のように，情報をすべてのベースに据えることの根本的な捉え直しである。そして，「情報プラトニズム」が新種の観念論であるとしたら，それを超えるには，ネオ唯物論のように，新たな実在論を提起していかなければならないのである。情報万能論を抜け出す契機は，世界が物質（物）から成り立っていることを実在論の立場から論証していくことしかないのだ。とはいえ，今日にお

いて観念論にまさる実在論を構築していくことは，分が悪過ぎるのではなかろうか。分子生物学を筆頭に，すべての学問は，新しい観念論としての「情報プラトニズム」へ向かいつつある。しかも，「物質」概念は，K.マルクスや V.I. レーニンらの弁証法的唯物論によって手垢にまみれている。ではこうした苦難をどうすれば乗り切ることができるのか。

　次の第2節では，従来の哲学的論争である「観念論／実在論」の対立について言及していくことにする。繰り返すと，今日において実在論を再構築することは，伝統的哲学の亡霊ともいうべきプラトニズム，ひいてはそれに影響を受けた数々の観念論を論駁していくことにもつながる。それにしても，本当に実在論を再構築していくことはできるのであろうか。本書において，筆者は実在論を擁護するために，論を進めていくことにしたい。

2．「観念論／実在論」の科学哲学
——基礎理解のために

　科学哲学者，戸田山和久は，「実在論／観念論」を次の二つの基準から区分している。ここで，二つの基準とは，「独立性テーゼ」と「知識テーゼ」である。

　戸田山によると，「独立性テーゼ」とは，「人間の認識活動とは独立に世界の存在と秩序をみとめる考え方」［戸田山和久，2005：148］を指す。一方，「知識テーゼ」とは，「人間が科学によってその秩序について知りうることをみとめる考え方」［同前］を指す。

　そして，「実在論／観念論」の区分（タイプ分け）は，これら二つのテーゼの組み合わせによって三つのタイプに分けられることになる。三つのタイプは，**表4**［同前：250］（69ページ）のように示される。

　表4に示されるように，まず，「独立性テーゼ」と「知識テーゼ」を認める立場として，「科学的実在論」がある。「科学的実在論」とは，日常にある物（物

質）だけでなく，見えないもの，たとえば電子や量子，暗黒物質等々すべてが
実在すると捉える立場である。いわゆる，汎物質主義である。

表4 独立性テーゼと知識テーゼに基づく実在論／反実在論／
観念論の分類（［戸田山，2005：250］を筆者が作成した）

		知識テーゼを	
		認める	認めない
独立性テーゼを	認める	広義の実在論	
		科学的実在論 ［＊素朴実在論］	反実在論 （操作主義，道具主義，構成的経験主義）
	認めない	観念論（独我論）社会構成主義＊（観念論の現代版）	

特に，自然科学は，客観的世界が実在していることを前提に構築されている
ことから──前提そのものについて表明しないにもかかわらず──，科学的実
在の立場に立っているということができる。また，科学的実在論の中に「素朴
実在論」が含まれている。素朴実在論とは，私たちが漠然と，世界を認識する
のとは関係なく独立して，この世界があるはずだ，そしてこの世界には何らか
の秩序があるはずだ，と捉えているものである。ただ，私たちは，自分とは関
係なく独立して外に，客観的世界があるということを認識しているわけではな
い。とはいえ，私たちは素朴に（漠然と）物および物の総体としての世界の実
在を信じているため，後述する観念論者のように，"20 階から飛び降りる"こ
とはしないのである。

69

次に，「独立性テーゼ」は認めるが，「知識テーゼ」は認めない立場として，「反実在論」がある。「反実在論」とは，表4に示されるように，科学的実在論と同じく，「広義の実在論」に包括される。つまり，「反実在論」は，私たち人間の認識活動とは無関係に独立して，世界の存在や秩序は認めるにもかかわらず，世界の存在や秩序については正確に捉えることはできないという立場をとる。

　「反実在論」の種類として，「操作主義」，「道具主義」，「構成的経験主義」という三つのタイプがある。

　まず，「操作主義」とは，「電子はしかじかの値の負の電荷をもつ」という主張があるとした場合，その主張は「実験操作と得られる結果とを述べる文に書き換えてしまう」［同前：153］とみなす立場である。

　次に，「道具主義」とは，たとえば「電子」という言葉は，「観察可能なものについてのいろいろな現象論的法則を一つにまとめたり，観察可能な，ものについてのデータから，観察可能なものについての予言を導く仲立ちをしたりするための，推論の道具として役に立つ」［同前：153-154］という立場である。

　そして，「構成的経験主義」とは，「現代の反実在論のニューモードで」［同前：155］，「できるだけ多くの観察可能な真理を帰結するような理論を構成して『現象を救う』ことが科学の目的であると考えている」［同前：161］という立場である。

　繰り返し強調すると，「科学的実在論」と「反実在論」はともに，「独立性テーゼ」，すなわち私たち人間の認識活動とは独立して，世界の存在や秩序があることを認める立場である。反面，「知識テーゼ」，すなわち世界に存在するものや，それを統べる秩序を私たちは正しく知ることができることを認めない立場である。前述したように，ここでは，実在論の擁護を目的とすることから，科学的実在論と反実在論がともに，「独立性テーゼ」，すなわち「人間の認識活動とは独立に世界の存在と秩序をみとめる考え方」を採るということ，それゆえ「広義の実在論」に分類されるということこそ重要になる。この点は何度強

調しても強調し過ぎることはない。

　最後に，「独立性テーゼ」と「知識テーゼ」を認めない立場として，「観念論」と「社会構成主義」がある（戸山田は「社会構成主義」としているが，以下では，同義の「構築主義」に統一する）。特に，「観念論」については，私たち人間の認識活動とは独立して，物や物の総体としての世界は存在（実在）しないと捉える。D.ヒュームは，世界は感覚与件を知覚したものにすぎないと考え，感覚与件を無視した素朴実在論，すなわち世界をあるがままに捉えることができるという立場を否定した。ヒュームの経験論を引き継いだカントは，すべての表象（先天的図式）は，主観とは独立した「物自体（Ding an sich）」が感官を触発することで（＝自己触発）生み出されると捉えた。ただ，カントのいう「物自体」は対象（現象）を成り立たせるものでありながら，不可知なものである。こうした観念論をより一層徹底したのは，E.マッハの感覚要素一元論である。マッハは「感覚は『物の記号』でさえもない。むしろ『物』とは，相対的な安定性をもつ感覚の複合をあらわすための思想上の記号である。物（物体）ではなくて，色，音，圧力，空間，時間（われわれが普通に感覚と呼んでいるもの）が世界の本来の要素である。」［Mach, 1921 ＝ 1969：438］というように，カントの「物自体」を含め人間の外に実在する「物質」を否定し，世界は感覚の複合が作り上げる「思想上の記号」だと捉えた。

　こうしたマッハの観念論は，マッハ主義者，A.ボグダーノフによって継承されるが，レーニンは，『唯物論と経験論批判』という著書で，マッハおよびボグダーノフを批判するとともに——マッハ–ボグダーノフの観念論／レーニンの実在論という対立——，そのことを通して独自の実在論を展開している。レーニンは，「物質」概念を既成の唯物論やマルクス–レーニン主義の枠組みを超えて独自の実在論を構築したというわけである。近年，白井聡や中沢新一らは，マッハ–ボグダーノフの観念論の批判を経由しつつ，構築したレーニン独自の実在論を高く評価している［中沢新一，1994／白井聡，2015］。この点については，後で詳述する。裏を返せば，今日においても，マッハの感覚要素一

元論は究極の観念論なのである。

　しかも，マッハに代表される観念論の現代版こそ，「構築主義」なのである。「構築主義」にはさまざまな立場があるが，その共通点は，すべての現実は人間の相互行為およびそれを表現した言語や概念によってその都度その都度構成されるという認識にある。こうした捉え方の原点は，バーガー，ルックマンの「現実の社会的，言語的構成過程」にある。これについて最小限述べると，彼らが定式化した構築主義において現実とは，私たち人間と人間のあいだ，すなわち相互主観的に取り決めたルールや言葉や概念であることになる。構築主義は，物の本質というように，現実を固定化する捉え方を一切認めない。それゆえ，すべての物や制度は，絶えず社会的，言語的に構成され続けるとともに，私たちの中に内面化され，同一化され続けるのである（客観的現実と主観的現実との弁証法的循環）。すべての物は，固定化された実体としては実在しないのだ。

　以上，戸田山による科学哲学的な「観念論／実在論」の区分（タイプ分け）を概観してきた。

　ここで明確になったことを，次の四つにまとめることにする。

　まず，一つ目は，二つのテーゼを肯定する科学的実在論の立場だけが，私たちの認識活動とは無関係に，いわば独立して，世界の存在や秩序があるはずだという確信（信念）を持つ，またはそれを前提にするということ，そのことに加えて，世界の存在や秩序について私たちは正しく知ることができるはずだという確信（信念）を持つということ，である。

　二つ目は，「実在／非実在」という基準からすると，その分水嶺は，「科学的実在論・反実在論／観念論・構築主義」にあるということである。ここでは，実在論を擁護することを目的とするがゆえに，科学的実在論と反実在論の違いよりも——二つは同じ「広義の実在論」——，科学的実在論・反実在論と観念論・構築主義の違いの方が重要な意味を持つ。見方を換えると，反実在論は，科学的実在論の中の慎重派だと考えられる。

　三つ目は，観念論といえば，カントやF.ヘーゲルのような，観念論哲学やフッサールのような，意識の学を提唱する現象学などを指すが，今日では社会学の主流である構築主義が観念論の現代的展開とみなされているということである。極論すれば，自然科学者，いわゆる理系の学問とは異なり，言葉・概念の解釈や分析が中心となる文系の学問の大半は，構築主義もしくはそれに準じた信念を持っているのかもしれない。むしろ，観念論の主流は，構築主義なのである。

　四つ目は，前述したように，実在についてゆるぎない確信を持っているのは，広義の実在論であり，その中には素朴実在論も含まれているが，この素朴実在論をどのように捉えるか，そして評価するかということである。この点についてのみ，戸田山のタイポロジーでは明らかにされていない。私たちが採る態度とは，目の前に机があれば，「（そこに）机がある」と素朴にその机の実在を確信することである。私たちが生存する上で役に立つのは，この素朴実在論である。実在の確信の度合いでいえば，素朴実在論は，それ以外の，いわゆる真正の科学的実在論よりもはるかに劣っているが，この，基本的な確信なしには，私たちは円滑に過ごすことができない。素朴実在論では，机を前にしていちいち立ち止まって「目の前にある机は本当にこのような姿で，実在していると考えてよいものか」とか「実際の机は光の反射によって目に見えたものだから，これとは異なった様相で実在しているのではないか」という具合に，思案したり迷いあぐねたりすることはない。私たちはひたすら，目の前の机を素朴にかつあるがままに実在していると確信しているだけなのだ。

　矛盾を承知の上で述べると，実は，観念論や構築主義の立場を採る思慮深い研究者や思想家・哲学者であっても，日常生活を円滑に営む上では暗黙裡に素朴実在論の立場を採っているはずである。私たちの誰もが 20 階から飛び降りることはしないし，前方から迫り来る自動車を避けるのは，こうした素朴実在論をベースに行動しているということの証左なのだ。観念論や構築主義よろしく，迫り来る自動車が本当に実在するのかなどとあれこれ詮索するならば，私

たちは忽ち，身の危険に晒されてしまう。つまり，私たちはどのような考えを持つ者であれ，日常生活を営む以上，素朴実在論をベースに行動しているのだ。したがって，観念論や構築主義の立場は，日常世界以外の，もうひとつの現実（学問の世界）においてのみ成立するいうことになる。

　もしかすると，私たちは誰しも，素朴実在論を無碍に否定し得ないがゆえに，必然的に実在論を擁護せざるを得ないのかもしれない。裏を返せば，科学者や哲学者が安直に素朴実在論を軽視もしくは無視してきたことが，観念論を蔓延させてしまう元凶なのかもしれない。

　以上，ここでは「観念論／実在論」のタイプ分けを行うとともに，このタイプ分けではその重要性が十分認識されてこなかった素朴実在論に再度，注目すべきことを提案したい。ここからは当面，素朴実在論を再評価する方向で論を進めていくことにする。

３．高次脳／低次脳フレームワーク論から捉えた実在論
——唯物論の批判的検討

　第２節では，「観念論／実在論」の区分を行い，私たちが日常，ごく自然に採っている素朴実在論を再評価すべきことを指摘した。

　ところで，素朴実在論と同じ実在論の立場を採りながらも，それを厳しく批判し，独自のゆるぎない実在論を構築してきたのは，マルクス，エンゲルス，レーニンに代表される弁証法的唯物論である（これ以降は，「唯物論」という言葉で統一する）。唯物論は「物質」概念および「物質」の実在を最重視することから「唯物論＝実在論」と捉えられるとすれば，唯物論こそ，実在論の王道であることになる。

　繰り返し述べるように，本書は実在論を擁護することを目的としている。そうであるならば，実在論の王道である唯物論をもって実在論を擁護すれば良いではないかといわれそうである。事実，正統な唯物論の立場を採る人たちは，

実在論，正確には，戸田山のカテゴリーとは異なる意味で科学的実在論を信奉
している。

　では次に，唯物論について概説するとともに，それを評価していくことにし
たい。なお，唯物論については，本論の中でかなりの枚数を割いて論述したこ
とから，重複を避けるべきところであるが，補説が単一で成り立つためには，
その論述は不可欠であると判断した。

（1）唯物論と実在論

　正統な唯物論の立場に立ちつつ，その修正思想を痛烈に批判してきた人物と
して池田昌昭がいる。ここでは，池田による正統な唯物論を取り上げていくこ
とにする。池田は，次のように，観念論と実在論の根本的な違いを明確にして
いる［池田昌昭，2003：31-32］。

　唯物論は，物質を第一次的なものとする。そしてわれわれの意識，感覚，思考は物質
から，刺激を受けて発生する第二次的なものとする。

　では物質とは何か。

　唯物論にあっては，それはわれわれの意識の「外」に実在する物質存在，自然界存在，
外界環境を指す。その外界環境のなかには，われわれが日々営む人間社会も含まれる。

　第一次的な物質存在・外界環境が，われわれの脳が産出する意識の発生源であること
の意味は，物質存在・外界環境が人間の意識より「外」にこの世に存在している。人間
の意識の発生の「先」には，意識発生のもととなる第一次的な物質存在がある。われわ
れ人間はその物質存在・外界環境からの刺激を感覚器官が受けて，脳が物質の最高精華
としての意識を発生させる過程を生物として辿ってきた。

　これにたいして観念論は，意識，感覚，思考を第一義的なものとする。これが唯物論
と観念論との決定的な相違である。極端な観念論は，外界物質は，観念がないところに
は存在しないとする。

　すなわち，唯物論と観念論との違いは，物質と意識との関係において，唯物論は「物

質から意識」を説明するのにたいして，観念論は，「意識から物質」を説明する。そして極端な主観的観念論となると，意識のはたらきで物質の動きを含め，世界のことをすべて理解できるとする。

「物質から意識」を説明する唯物論は，意識の発生のみなもとをわれわれの意識とは無関係な，意識の「外」にある外界世界，外界環境から受ける刺激によって発生する外界「像」であると説明する。つまり意識の発生源は，われわれの意識の中にあるのではなく，われわれの意識から独立した，意識の「外」にある外界物質世界からの刺激を受けて外界「像」として発生する。

これにたいして，主観的観念論はわれわれの意識は，意識そのものから発生し，意識のみなもとが外界世界ではなくて，外界世界の存在そのものも，われわれの意識があって，はじめて存在すると説明する。

　正統な唯物論およびそれを受容する立場からすると，観念論と実在論との対立は，このように，きわめてシンプルにかつ容易に説明し得る。池田が主張しているのは，意識の働きは，意識の「外に」，意識とは独立して実在する物質（外界物質）を脳の中の外界「像」に反映したものなのであって——要するに，意識は外界の反映像——，観念論が説くように，意識から物質（外界物質）を説明することはできない，ということである。つまり，正統な唯物論においては，「外界物質＝外界物質『像』」と措定されることになる。哲学的に言い換えると，「主観－客観」関係において，主観，すなわち意識は，客観を客観の像として正確に捉える（＝反映する）ことができるということである。反映に基づくこうした「主観－客観」の一致は，後述する表象（言語表象）そのものである。

　ところで，M.ボーリガードは，唯物論がおよそ三つの哲学的前提の上に成り立つことを根拠に，「唯物論の枠組みは，科学とは呼べない」，「唯物論には限界があるだけではなく，誤りである」，「根拠なき信念なのだ」[Beauregard, 2012 ＝ 2014：14] と述べている。ここでいう三つの哲学的前提とは，「物理主義」

（＝生命，精神，意識は，事象とエネルギーが複雑に組み合わさって生じた副産物），「還元主義（＝事象とは，それを構成する要素，もしくはよりシンプルかつ本質的な要素へと分解することにより，理解できるはずだとする観念）」，「客観主義（＝経験的事実を客観的な視点から，自らの触覚を，そして顕微鏡，望遠鏡といった機器を利用して研究しなくてはならない）」である。いずれも，古典的物理学の原則であるという［同前］。要するに，唯物論は物質的なレンズをもって世界を解釈したり，物事の真偽を判断しているだけなのだ。これが，正統な唯物論に対するごく一般的な批判なのである。次に，こうした批判を踏まえつつ，筆者なりに唯物論を検討していきたい。

（2）唯物論の評価と問題点

前項では，池田による正統な唯物論を概観・考察してきた。そのことから，唯物論が古典的物理学の枠組みをそのまま前提にしている（鵜呑みにしている）ことが判明した。痛烈な批判の矛先は，この一点にこそある。にもかかわらず，唯物論は，いまでも科学的実在論の立場を標榜しているのだ。

次に，仮に，唯物論が実在論の立場に立つことを認めながらも——唯物論に対する批判を踏まえつつ——，この場合の実在論が特別な言語によって作り出されたものであることを問題にしていきたい。その手がかりとして，「『高次脳／低次脳』フレームワーク論」を用いることにする（煩雑さを避けるために，以下では，「高次脳／低次脳フレームワーク論」と表記する）。

筆者は，著書『授業者は昆虫型ロボット Genghis の夢を見たか——「高次脳／低次脳」フレームワーク——』［中井，2015a］の中で，脳と心の関係，正確には脳に関する言葉と心の領域の関連づけを行い，心についてのある言葉が脳のどの領域と関連があるのかを分析するために——実際には「自己愛」と「ナルシシズム」との違いなどの分析——，廣中直行が提示した，「『高次脳／低次脳』フレームワーク論」［廣中直行，2003］を用いた。

敷衍すると，「低次脳」とは，「脳内の『動物的』部分」のことで，「脳幹か

ら大脳辺縁系の仕事まで」を指す［同前：40-41］。これに対して、「高次脳」とは、「脳内の『精神的』部分」のことで、大脳新皮質、特に「周囲の領域や皮質の下にある領域と緊密な連絡を取り合う」連合野から生み出す心（思考、言語、判断、理解、推理、空想など）を指す［同前：4344］。

　また、低次脳は、「驚く」「食べたり飲んだりする」「子孫を作る」「好き嫌いを判断する」［同前：41-43］というように、動物と同じような働きを司る脳のモードである。ただ、「好き嫌いを判断する」は、低次脳と高次脳を繋ぐ位置にある扁桃体が司る機能であることから、これらの機能の中では最も高次の機能だといえる。これに対して、高次脳は、「学ぶ」「覚える／思い出す」「言葉を使う」「論理を組み立てる」［同前：44-47］というように、人間独自の働きを司る脳のモードである。

　要するに、高次脳／低次脳フレームワーク論は、私たちがある行動・行為や言語表現を行うとき、それらが主に脳のどの領域（部位）に関連があるのかを明らかにする枠組み（＝フレーム）のことである。左脳と右脳の協働に代表されるように、脳はさまざまな部位同士が連携しながら稼働しているのであって、ある領域だけが部分的に稼働することはあり得ない、といった脳の摂理からすると、このフレームワークはあまりにも大雑把である。ところが、心についての言葉や概念にリアリティを持たせる、もしくは、重みをつける上では有益なのである。

　高次脳／低次脳フレームワーク論からすると、唯物論の「物質」概念および実在論の捉え方は、高次脳フレームワークに基づいていることがわかる。もっというと、それは、高次脳が作り出す言語、ひいては哲学言語（論理言語）によって思考され、体系化されたものである。ここでいう哲学言語（論理言語）とは、言語表象のことであって、日常言語（言葉）のことでは決してない。言語表象とは、現実を特別な言語によって過不足なく捉えて表現し、それを言語的世界に還元することである。

　よくよく考えると、言語表象とは、ハイデガーが捉えた近代哲学の「表象」

概念とほぼ同じであり，それは，現前する物を自分に向けて立てながら，その自分へ返し戻し，自分に対して立つ物（Gegenstand）と化す知の作用のことである。つまり言語表象は，自分の方から対象を構成していって，そうして構成された対象を再び自分の方へと措定し直すという，物の現前の屈折的な（reflektierend）再－表現作用もしくは再－現前化作用（Re-präsentation, Re-flexion）であり，現前するものをその端的な現前の場（生きられる現在）において把握しようとする知の働きではない。

　繰り返すと，言語表象とは，外にある（＝表現する／現前化する）対象（物）を自分から構成していき，構成された対象を内的に「対象－像」という形で再び表現／現前化（措定化）することである。要するに，言語表象とは，〈外〉に現前化するものを〈内〉に再－表現／現前化されるものへと構成することなのである。具体的に述べると，外部に実在するさまざまな物の形，色，運動，位置などをできる限り，正確にかつ忠実に認知システム（生体）の内部に再－表現することである。心理学的には，コンピューターのように，認知システムの内部に，その外部に実在する物をそのまま再－表現することである。ただ，認知システム（生体）にとってこのような物の立ち現われ方は，日常的なものでも，標準的なものでもない。

　以上のことからすると，唯物論は，自らが思考の媒体として使用する哲学言語（論理言語）そのもの，すなわち言語表象にあまりにも無自覚である。あるいは，唯物論にとって言語媒体は透明であるといってもよい。したがって，唯物論においては，高次脳フレームワークに基づく言語表象（哲学言語）が一人歩きをしていると考えられる。

　見方を換えれば，唯物論の立場から言語表象を駆使する主体（表現主体）は誰かというと，それは，現実の外に立つ「超越論的主体」もしくは「メタ主体」であることになる。主体がメタ主体（「超越論的主観」）へと転換すること──そのことで何が起こるのか。それは，唯物論が繰り出す哲学言語が観念論へと反転してしまうのだ。つまり，唯物論は，言語表象という観念論の枠組み（高

次脳フレームワーク）の閉域に自足してしまうわけである。唯物論が前提とする言語表象は，それが対応する物が不在である，もっといえば，超越論的であることにおいて，観念論へと反転する。かつて，論理実証主義は，実証不可能な概念，たとえば「神」という概念をはじめ，形而上学概念を一掃しようと試みたが，そのときのノルムがそのまま，唯物論に当てはまる。

このように，自ら精緻な思考体系を構築したと思い誤った唯物論は，実は，高次脳フレームワーク，ひいては高次レベルの言語としての哲学言語（言語表象）を自らの基準だと確信することによって，壮大な実在論を展開するどころか反対に，観念論の袋小路の中に嵌まり込んでしまったのである（唯物論と一緒に取り上げられる史的唯物論についても同様であるが，別の機会に論じることにする。ここでは唯物論が観念論にすぎないということを確認するだけで十分である）。

以上述べたことを簡潔に示すと，次の図5になる。

メタ観念論
↑
{観念論（観念論／実在論）}
↑指定
（超越論的主体）……隠れている

図5　超越論的主体とメタ観念論

こうして，唯物論は言語表象を介したメタ観念論の一種にすぎないことが明らかとなった。ここでいうメタ観念論とは，普通の観念論よりも抽象度の高い観念論だということである。以上のことから，唯物論をもってしても，実在論を擁護することはできないと結論づけることができる。

４．レーニンの唯物論の可能性
——白井聡と中沢新一の新たなレーニン解釈

　本節では，ユニークなレーニン解釈を展開する白井聡と中沢新一という二人の研究者を取り上げる。筆者は前節で正統な唯物論が，言語表象（表象）の立場から実在論を構築することによって，メタ観念論に陥ってしまったことを論証した。見かけ上，正統な唯物論は，高次脳フレームワークに基づく「科学的な」実在論である。ただ，白井と中沢の新たなレーニン解釈も，レーニンの著書を忠実に読解することから，高次脳フレームワークに基づくものである。正統な唯物論をもってしても，実在論を擁護することはできなかったが，果たして，白井と中沢の新たな唯物論解釈（改釈）によって実在論を擁護することができるのか，順次，述べていくことにする。

（１）白井聡のレーニン解釈——「物質」概念を中心に
　白井は，著書『「物質」の蜂起をめざして——レーニン，〈力〉の思想——』を通して従来と異なる，独創的なレーニン思想を展開している。注目すべき点は多々あるが，実在論にかかわるレーニン著『唯物論と経験批判論』の「物質」概念についての白井の解釈に焦点を合わせたい。
　白井は，同著を通して「物質」が第一次的なものであり，「物質」は人間の感覚や意識の「外部」に存在することを踏まえながら，「重要なのは，レーニンが人間のあらゆる意図ないし主観から隔絶したところに存在する『何か』に，彼の唯物論の核心をおいたことである。言い換えれば，レーニンが言うところの『物質』とは，あらゆる人間的な解釈を拒むような，つまり主観の内に手前勝手な形で内面化されることを拒み続ける『何か』にほかならぬ，ということだ」［白井聡，2015：42］と述べている。
　しかも，この「何か」は，「直接的なもの」として，「主観のうちへとそのまま突入して来る『外界』＝『客観的な物』＝『物質』」［同前：97］にほかなら

ない。

　ここまでの解釈であれば，レーニンの「物質」概念の，人間の感覚や意識に
対する絶対的外部性を（表現を変えて）反復しているにすぎないようにみえる。
白井のレーニン解釈が際立つのは，観念論と唯物論の対置仕方である。一般的
には，「観念論／唯物論」は，二項対立の構図となるが，白井はレーニンの唯
物論を「観念論／唯物論」とは捉えず，次のように捉えている［同前：245］。

　　　　〈観念論／唯物論〉＝観念論／**唯物論**

　つまり，この定式化に示されるように，〈観念論／唯物論〉という対立は，
実は，観念論にすぎないことから，「『観念論』に対する対立項としての『唯物
論』を対置するのではなく，唯物論としての唯物論の提示」［同前：242］を行
っている。

　さらに，白井は，「『観念論』は『唯物論』へと転倒され，『唯物論』は『観
念論』へと転倒されるとしている。つまり，次のような図式が現われる。

　　　　〈観念論＝唯物論／唯物論＝観念論〉

　こうした転倒が可能になるのは，〈　〉内部の項をすべて観念論として総括
する立場，すなわち「〈観念論／唯物論〉＝観念論／唯物論」という図式を成
立させ，最下項の唯物論の立場を採ることによって，である。レーニンの『物
質』概念が極度の形而上学的性質を持っていること，そして後に彼がヘーゲル
の『客観的観念論』に出会ったときの歓喜と熱狂（『哲学ノート』）の理由はこ
こにある。」［同前：247］

　この言明について説明すると，レーニンは，従来の「観念論／唯物論」の図
式を，次のように捉え直した。

> 〈観念論／唯物論〉＝観念論／**唯物論**

レーニンと同様，ヘーゲルは，『大論理学』の中で，次のように，捉え直したのである。

> 〈観念論／唯物論〉＝観念論／**観念論**

つまり，レーニンとヘーゲルはともに，〈観念論／唯物論〉という二項対立を観念論の立場だとして否定した（下線を引いた箇所）。この二項対立は，無意味なものにすぎない。その上で，レーニンは「唯物論としての唯物論」を，ヘーゲルは「観念論としての観念論」を見出したのだ。思考の結果（概念）は異なるが，ヘーゲルとレーニンの思考は同一である。

　白井は，二項対立を内破するという戦略で観念論を否定し，「物質」の実在性・第一次性を保持した。結論は，次の通りになる。

> 〈世界や精神に対するさまざまな見解＝哲学／物質の実在〉

レーニンからすると，哲学は，〈世界や精神に対するさまざまな見解〉によって「『実在』を消去するという立場」［同前：248］にすぎないのだ。そして，革命とは，こうした二項対立を超える「究極の実在」［同前］なのである。

　以上のように，白井はレーニンの思想を忠実に読解する中から，レーニンが従来の「観念論／唯物論」という二項対立を「観念論」として一掃し，その彼方に主観のうちへそのまま突入して来る「外界」＝「客観的な物」＝「物質」，すなわち直接的なもの，内面化されることを拒み続ける「何か」を見出したのである。一言でいうと，「唯物論としての唯物論」である。白井は，レーニンの唯物論を観念論に対置されるものとは捉えていない。むしろ彼は，「観念論

83

／唯物論」という言葉（概念）の彼方に，真正の唯物論，すなわち「唯物論としての唯物論」，そして感覚や意識とは関係なく，独立して「外部」に実在する「物質」を見出したのである。

（2）中沢新一のレーニン解釈

一方，中沢も，著書『はじまりのレーニン』の中で，白井と同じく，レーニンの著書『唯物論と経験批判論』の読解を通して新たなレーニン解釈を行っている。中沢は，レーニンがマッハ主義に立つボグダーノフの経験一元論を痛烈に批判するとともに，レーニンが使用する「客観」という概念に注目しつつ，「「客観」は，記号論も，社会学も，現象学も，心理学も破壊したところに出現する，おそるべき概念なの［であり，］……彼はそれを，『物質』とか『絶対的自然』という言葉をつかって，表現しようとしている。」［中沢新一，1994：48］と述べている。しかも，「それは，無限の深さと，無限の力能と，無限の階層性と，無限の運動をはらんで，人間の意識の外に，実在している。意識はその物質の運動の中から形成され，自分の中に，物質を反映ないし模写する。」［同前］，と。

そして，「意識の運動と客観的実在（＝物質）の運動とのあいだには，弁証法的な『反映』の関係だけがある。意識と物質は，同一でありながら，たがいに異和的であり，この同一＝異和の関係をとおして，意識は客観を『反映』するのだ。」［同前：49］

この「意識と物質」を「主観と客観」へと置き換えると，レーニンの思想がヘーゲルの哲学と等しいことが明らかになる。つまり，両者ともに「客観は外に実在し，主観がそれを開示する。主観と客観は，対立しあいながら，同一なのである。ヘーゲルの場合，主観と客観が対立しながら同一であるような運動を，『精神』と呼んでいる。そして，レーニンはそれを『物質』と呼ぶ。」［同前：71］

中沢からすると，ヘーゲルの「精神」と，レーニンの「物質」は，「精神／

物質」という二項対立の次元では異なるが，そうした二項対立を超えた高次元の場では同一なのである。そのことは，レーニンが著書『哲学ノート』の中で，ヘーゲルを賞賛していることからも明らかである。そして，中沢は，ヘーゲルの観念論は「観念論そのものではなく，観念論がその極限で，別のものに変態を起こす，その限界点をしめしている思想なのだ。……ヘーゲルの言う『精神』は，じつは意識でもなければ，物質でもない。……それは観念をすら過剰したもの，純粋な差異そのものだ」［同前：84］と述べている。

　また，「その意味では，レーニンの唯物論も，唯物論そのものではない。それは唯物論の限界点をしめす唯物論なのだ。レーニンにあっては，唯物論はその限界点で，唯物論でも観念論でもない，別の第三の思想形態への変態の直前にある。レーニン的『物質』は，自己運動しながら，自然と生命と意識をつくりだす。大脳の複雑なニューロン組織のなかで，生命の自己運動の秘薬（否定をはらんだ秘薬，アウフヘーベン）として，思考する意識が生まれ，その思考は自然を反映し，自然のしめす複雑な自己運動の『脈動』に近づけば近づくほど，それは客観となり，『物質』の真理に接近していくのだ。」［同前：84-85］，と。

　レーニン的には，「認識とは，思考が客観へたえず，限りなく近づいていくこと［であり］……人間の思考のうちに自然を反映する活動は，……運動の不断の過程，矛盾の発生とその解決の不断の過程のうちにあるものとして理解されなければならない。」［レーニン『哲学ノート』／中沢新一，1994：85］

　このように，中沢が捉えたレーニンの「物質」とは，それ自体が自己運動しながら，その運動の中から思考と意識（主観）を作り出し，そうして作り出された思考と意識（主観）によって今度は，「物質」の真理が開示されてくるところの何かなのである。前述したように，「物質」は「純粋な差異」であることで自己運動する中から，生命や意識や思考等々を生み出していく。

　したがって，「レーニン的『物質』とは，思考からも客観からも過剰した，なにものかなのだ。客観へたえず深く接近していこうとする思考は，自然を反

映しながら，自然のなかから，この『物質』の真理を開示する。」［同前：85］

　このように，レーニンの「物質」概念を捉えると，それは，自己運動しながらも，自らの真理を開示するときだけは，物質代謝の最高所産（精華）である思考（脳）を用いるということである。したがって，それは，生命の進化ヒストリーと符合しているといえる。私たち人間の脳は，物質代謝の最高精華であることにおいて「物質」の自己運動の真理のヒストリーをその都度その都度開示するということになる。

　こうした「物質」の自己運動の過程から，レーニンにとってなぜ実践が重要であるかという理由が明らかとなる。「意識が客観的になればなるほど，……客観＝実在に接近していくようになればなるほど，唯物論的な意識は，自分をとりまく世界を非現実であると考え，実践によって，それをより客観的な，新しい世界として創造しなおそうとするだろう。それが，レーニンの考えた実践なのである。そのとき，実践する人間の内部には，『物質』である客観の運動が，積極的に侵入してくる。主観のなかに，それをはるかに過剰した運動の質と力をもったなにものかが，侵入を果たすのだ。そのとき，人間は笑いながら，世界を変革する。……『物質』の自己運動が，その実践をつき動かすのである。」
［同前：86-87］

　中沢は，この「『物質』の自己運動が，その実践をつき動かす」駆動装置を弁証法に求めているが，レーニンのいう弁証法とは，「はじまりの弁証法」，すなわちソクラテス哲学以前の自然哲学者が唱えた，自然（ピュシス）と深く結びついた思考法に見出している。なお，「物質」の自己運動を駆動する弁証法に関する説明については，本書の目的を超えているので，別の機会に取り挙げることにしたい。

　以上，中沢のレーニン解釈をみてきた。ここで，最も注目すべきなのは，レーニン的「物質」とは，自ら自己運動しながら，人間の思考や意識（総じて，脳）の中に侵入し，そしてその都度その都度，それらを通して真理を開示する何ものかであるということである。

　以上，白井と中沢の新たなレーニン解釈をみてきたが，要約すると，次のようになる。

　白井は，レーニンの「物質」概念が「観念論／唯物論」という二項対立（概念）を超える「唯物論としての唯物論」を構築し，そこに「物質」の実在性・第一次性，すなわち「究極の実在」を見出した。その成果は，「〈観念論／唯物論〉＝観念論／**唯物論**」として示すことができる。

　一方，中沢は，レーニンの「物質」は自ら自己運動を行いつつ，物質代謝の最高精華である人間の思考や意識（脳）を通してその都度その都度自らの真理を開示することを見出した。しかも，実践する人間の内部には，物質の自己運動が侵入してくるのであり，それこそが実践，ひいては世界の変革（革命）を引き起こすと捉えたのである。

　両者の解釈には類似点がみられる。つまり，その類似点とは，レーニンの「物質」とは，言葉・概念の次元を超えるものであり，その客観の自己運動が人間の中へ侵入するとき，真理を開示するという形で，労働者（プロレタリアート？あるいはマルチチュード？）を世界の変革に向けて突き動かすと捉えたことである。

５．低次脳フレームワークからみた素朴実在論
——実在論を擁護できるか

　これまで述べてきたことを振り返りたい。

　第１節では，科学哲学の立場から「観念論／実在論」の区分を行うとともに，科学的実在論と反実在論の立場がともに「実在」を確信しているということ，しかも科学的実在論の中に素朴実在論が含められているということ，を指摘した。

　第２節では，実在論の代表といわれる唯物論（弁証法的唯物論）を，正統の唯物論者の論述を引き合いに出すとともに，それが実は，高次脳フレームワー

ク，ひいては高次の言語表象（哲学言語）に基づくメタ観念論であるということ，を指摘した。つまり，唯物論とは抽象度の高い観念論，すなわち意識の所産にすぎないことから，それをもってしても，実在論を擁護し得ないことを論証した。

第3節では，正統派唯物論の思想家であるレーニンを，従来の枠組みを超えて独自に解釈する思想家として，白井聡と中沢新一を取り上げた。彼らは，高次脳フレームワークに基づきながらも，言語表象そのものを超えるという形で，レーニンの思想を再評価した（ただし，彼らが評価するレーニンの思想は，あくまでも可能性としてのそれであって，レーニン本人の思想とはかけ離れたものであると考えられる）。それでも彼らの著書は，レーニンの唯物論によって実在論を擁護することの可能性を示したことは確かである。

第3節で展開された新たなレーニン思想によって，実在論を擁護するという目的を果たすことができた。ところが，である。一般には，正統の——裏を返せば，ガチガチの——唯物論とみなされている，レーニンの思想の中に飛び込んで，実在論を擁護し終えたと判断するのは，早計であるように思われる。筆者としては，前にも述べたように，唯物論に依拠しなくても，私たちが日常，確信している——正確には，確信してしまっている——素朴実在論に注目し直すことによって，実在論を擁護するための方途を見出し得るのではなかろうか。これまで，素朴実在論は実在論（科学的実在論）からも，観念論からも批判されてきたが，だからといって本当に，素朴実在論を取り上げるに値しない認識様式だと断定し得るのであろうか。次に，素朴実在論へ戻って実在論の擁護の可能性を探りたい。

そもそも，素朴実在論が矢面に立たされるのは，科学者が高次脳フレームワークを前提にしていることに基因する。つまり，高次脳フレームワーク，ひいては言語表象からすると，素朴実在論という捉え方は，見た物を見たまま捉え，記述することから，いかにも非科学的に映る。しかも，哲学の立場からしても，素朴実在論は，反省や内省を介した物ではないがゆえに，レベルの低いものに

88

映る。

　要するに，高次脳フレームワーク，特に言語表象からすると，素朴実在論は字義の通り，あまりにも素朴であり，思慮深さを欠いた現状肯定主義なのである。いま，目の前にある物や事象，目の前に広がる風景等々を，何の疑いもなく，そこに実在していると素朴にかつ無条件に確信・信憑してしまうことは，軽信ではないのか，と。

　ところが，一旦，高次脳フレームワークを外して，低次脳フレームワークによって素朴実在論を捉えると，事態は一変する。

　実は，大脳辺縁系を中心とする低次脳フレームワークからすると，私たちはすでに実在する物および物の総体としての世界とかかわっていることがわかる。では，この場合の，物とのかかわり方とはどのようなものなのか。つまり，それは，道具としての物とのかかわりなのである。低次脳フレームワークからすると，私たちは自らのからだ（身体）で直に道具存在としての物とかかわっているのだ。つまり，私たちは何らかの物や対象とかかわる前にすでに，道具（物）とかかわっているのである。たとえば，私たちは紙を切るとき，対象としての紙（物）とかかわる前にすでに，紙を切る道具としてのハサミ（「物＝道具」）とかかわっている。繰り返すが，私たちは対象（物）とかかわる前にすでに，物（道具）とかかわっている（かかわり合っている）のであって，物が一体何であるかは，副次的なことなのである。

　思い起こせば，私たち人間と物の原初的なかかわりは，私たちが生存する・生き存える，種を残すといった進化上の目的に向けてなされてきた。俗にいう，「ホモ・ファーベル（道具人）」である。私たちからすると，「物＝道具」との出会いについては，筆者はこれまで上梓した著書［中井，2015b］を通して再三述べてきた。そのことを述べるために，ユクスキュルの環境世界論，ハイデガーの周囲世界論，ギブソンの生態心理学（アフォーダンス理論）を持ち出してきた。そこで次に，各々の要点をまとめることにする（低次脳フレームワークに基づく物とのかかわり方に焦点化しつつ，できる限り，反復を避けること

にしたい)。

(1) ユクスキュルの環世界論

ユクスキュルは，さまざまな生体にとって環境が同一にみえるにしても，実は，個々の生体によって必要な環境は，各々の生体にとって異なる（さまざまである）ことを明らかにした。たとえば，ダニ（生体）にとって哺乳類（客体）の皮膚腺は，血を吸うための環境資源となることで重要な知覚標識となる。そして，（皮膚腺からの）酪酸による刺激は，ダニの知覚器官の中で特異な知覚信号を解発し，それがダニの作用器官の中に影響を与えることによって，ダニに落下させるという行動を引き起こさせる。次に，落下したダニは，突き当たった哺乳類の毛に，衝突という作用標識を与え，それは次に，ダニに接触という知覚標識を解発する。次に，この新たな知覚標識は，はいまわるという行動を解発し，ダニが毛のない皮膚にたどり着くと，それは，温かさという知覚標識に代替され，それに続いて針を刺して吸血するという行動が始まる。

このように，ダニにとっては，豊かな環世界の中でわずか三つの知覚標識と一つの作用標識が，環世界を構成する指標となる。つまり，ダニにとって環境は実にみすぼらしいものなのだ。ところが，このみすぼらしさが，ダニに行動の確実さを保証するのである。ダニにとって人間のような複雑な環世界は不要なのである。

あるいは，一本のカシワの木があるとき，その木の根のあいだは，キツネやその家族にとって自分たちを悪天候や危険から守ってくれる屋根（巣）となる。また，その木の上方のこんもりした部分は，フクロウにとって自分を保護してくれる屋根（家）となる。さらに，その木の人間の顔に似てふくれあがった樹皮の形は，幼い少女にとって空想的な世界となる。同じ人間でも杣人であれば，その木は，材木にしか見えないであろう。

このように，一本のカシワの木は，さまざまな生体（住人）の知覚像を通してさまざまな様相として立ち現われている。しかも，ダニの環境世界と同じく，

90

ユクスキュルのいう知覚標識と作用標識から構成される部分だけが，各々の生体（住人）にとってのカシワの木なのであって，カシワの木という客観的な世界は存在し得ないのだ。

　このように，ユクスキュルは，個々の動物（生体）が知覚する世界の総体を，その生体にとっての環世界だと捉えたのである。

（2）ハイデガーの道具存在論

　ハイデガーは，ユクスキュルの環世界論を踏まえつつ，独自の周囲世界論を構築した。その最大の特徴は，周囲世界において現存在（存在に開かれているのは，人間だけであることを表す概念）が最初に出会う物が，物とは何であるのかという事物存在としてではなく，物はどのように使用されるのかという道具存在として実在することにある。つまり，道具存在とは，字義通り，現存在にとって身近にある物が，道具として有用な形で存在する，端的には現存在は，道具存在として物と出会うことを意味する。物とは何かといった対象の認識，あるいは物の事物性の認知よりも，道具としての使用が先立つというわけだ。存在の道具性が存在の事物性に先行するのである。

　こうした捉え方は，私たちにとってはごく当たり前のことにすぎない。それが自明でないと感じるのは，「主体－客体」の構図を採る近代哲学の捉え方を前提にしているからである。近代哲学にとって事物存在とは，事物についての認識であり，つまるところ事物についての表象なのである。前述したように，表象（言語表象）とは，外にある（＝現前化する）対象（物）を自分から構成していき，構成された対象を内的に「対象－像」という形で再び現前化（措定化）すること，すなわち〈外〉に現前化する物を〈内〉に再－現前化される物へと構成することなのである。物の事物存在性は，表象（言語表象）を前提とする特殊な認識方法にすぎない。

　このように，ハイデガーは，道具存在と事物存在を対比的に捉えた上で，私たちにとって世界との出会いの第一次的なものは，道具存在という物とのかか

わり方であることを明らかにしたのである。

　ところで，心理学者の道又爾は，ハイデガーの哲学と最近の神経生理学的研究の知見を関連づける中で，「頭葉－前頭頭頂部のニューロンは，口，手，眼などの身体各部とその運動に対応した個別の空間座標系をもつ」［道又爾，2009：165］が，「この構造は，事物存在が意識主観に現れる以前に身体は道具存在と出会っているという，ハイデガーの主張とよく一致する」［同前］と述べている。「腹側部（VIP）」「中部（MIP）」「前部（AIP）」「側部（LIP）」は各々，口を対象へ接近させる，手を対象へ伸ばす，物をつかむ，より広い空間を探索する等々，身体各部位とその運動に対応した各々の空間系を別個に構成しているのであって，中枢（脳）へと集約することで，単一の外的空間座標系（＝単一の世界像）を構成しているわけではないのだ［同前：159-164］。認知システム（生体）は，「『単一の世界像』がバインデイングされる前に，生物としてのわれわれはすでに身体すべてを用いて存在と出会っているのである。」［同前：164］

（3）ギブソンのアフォーダンス理論

　ギブソンは，従来の心理学に対して，①網膜像説の否定，②包囲光の重視，③直接知覚および反表象主義の立場を対置することによって，独自の心理学を構築した。これら三つの特徴からわかることは，彼が，従来の，高次脳を前提とする心理学や脳科学ではなく，低次脳を前提とする新しい心理学を構想したことである。つまり，彼のアフォーダンス理論は，ヒトと動物が共通する低次脳，脳の構造からすると，大脳辺縁系（動物脳）をベースに構築されてきた，文字通り，「生態」心理学，すなわちアフォーダンス理論なのである。ただ，アフォーダンス理論は，動物に特化した動物心理学でもなく，人間（ヒト）に特化した心理学（認知心理学）でもなく，動物と人間（ヒト）の共通点や相違点に着目した比較心理学でもない。むしろそれは，動物と人間（ヒト）の区別を撤廃した――正確には，「撤廃する」という言葉さえ，当てはまらない――，

動きながら物を見るすべての生体を主体とする心理学なのだ。

　「認知心理学とギブソン心理学は，対立するというよりもすれ違っているというべきだ。前者が椅子に座ってじっくりと本を読むヒトにおける『記号からの意味の抽出』のような問題に関心を向けてきた一方，後者は野山を這い回り，食料を探し敵から身を隠す『けだもの』の問題に関心を向けてきたのだ。そして，ギブソンのメッセージとは，前者は後者から現れたという，全く当たり前のことなのである。」［道又爾，2009：181］

　道又がいみじくも述べるように，アフォーダンス理論は，採集狩猟時代の人間（ヒト）の心理学なのである。認知心理学のような，近代社会以降に確立された心理学は，厳しい環境から解放された文明人が高度な認知活動（読み書き算数）を行うために，出現したものなのである。アフォーダンス理論は，私たち人類が環境適応を通して生き存えるために不可欠な心理学なのである。

　環境は包囲光として客観的に実在する。にもかかわらず，環境は生体（ヒトを含め）を一方的に規定したり拘束したりすることをしない。むしろ，環境は生体がその生態に応じてその都度環境から直接，情報を探索・走査し，抽出するのである（なお，情報は良い情報ばかりとは限らない）。それゆえ，複数の生体（この場合はヒト）が同一の環境に置かれたとしても，個々の生体（ヒト）が抽出する情報は同じものとはならない。その意味で，環境から情報抽出を行うには，生体（ヒト）それぞれに能力や資質が必要となる。

　ここで注意すべきは，生体（人間）が環境から情報を抽出するのは，環境の中にあらかじめ情報が埋め込まれていて，個々の生体と独立していわば「外に」実在しているからだということである。生体は情報を環境から抽出するだけであり，そのことと関係なく，物および物の総体としての世界は実在している。しかも，物には知性が宿っている。こうした環境から個々の生は，自らの形状や能力などに適した情報を探索するわけである。どのような情報を探索するのかについては，個々の生体によって相対的である。場合によっては選択されないまま，潜在化される情報が多々想定される。

（4）小括

ユクスキュルによって明らかにされた，各々の生体にとっての環世界の構成，ハイデガーによって明らかにされた，人間の物との原初的かかわり方である，道具存在（性），ギブソンによって明らかにされた，生存という目的に向けて生体（人間も含む）が知覚によって直に環境から情報を抽出するというアフォーダンス理論（生態心理学）——これらすべては，低次脳フレームワークに基づいて記述されたものである。低次脳フレームワークにとって，「主観－客観」の構図から成る表象（言語表象）は不要である。というよりも，生き存えることと種を残すことという究極の目的に向けて，世界を捉える（記述する）基準がまったく異なるのである。

6．エキスパートと物の実在論

前節で述べたように，低次脳フレームワークからすると，私たちと物の，原初的な出会い方やかかわり方は，常にからだ（身体）と道具がセットになる。こうしたかかわり方を進展させていくと，すなわちからだと道具のかかわりが密になればなるほど，主体は物としての道具の使い方に熟達する。これは，技能や技術（総じて，わざ）の世界である。つまり，私たちは物を道具として使うことに精通することは，ある領域におけるわざが錬磨されることを意味する。しかも，わざの錬磨は，ノービス（初心者）からエキスパート（熟達者）へと進展する。具体的には，道具を通した，円滑な物とのかかわりの進展である。わざの世界においては，主体がその世界で用いられる道具に精通すればするほど，深く物とかかわることができるようになる。日常世界における「物＝道具」とのかかわりは，ハイデガーが道具存在を通して述べたように，原初的なもので，第一次的なものであるが，わざの世界における「物＝道具」とのかかわりは，日常生活におけるそれを超えて，その世界特有の道具を通しての，物とのかかわりとなるのである。裏を返せば，わざの世界においては，物との深いか

94

かわりを実現するために，何よりもその世界における「物＝道具」に精通しなければならないのだ。

　では，わざの世界における，道具を介した人間と物のかかわり方は，どのようなものであるのか，次に述べていきたい。なお，ここでは，わざの世界について言及することを目的としないことから，できる限り，両者のかかわり方は形式的かつ一般的に記述することにとどめたい（とはいえ，ここでいうわざの世界は，宮大工のような伝統的な物づくりをベースにしている）。

　ところで，わざの世界において物（道具）を通して物（対象）とかかわるとき，主体は物（対象）のことを深く知るために，心を素にして，いわゆる白紙状態にして，対象である物に向かう。主体にとって物（対象）を知るためには，一旦，意識をからっぽにし，いわば心を虚しくして，身ひとつで物（対象）とかかわることが求められるのだ。主体が物という未知の領域に入っていくためには，まず何よりも，自分自身に働きかけ，自分をその未知の領域に合うように調整することが求められる。そして，こうした幾度にも及ぶ反復や調整の結果として，主体に「慣れ」という能力が形成される。この「慣れ」という能力は，以前にはできなかったことが，幾度にも及ぶ反復や調整によってできるようになったことを意味する。その意味で，「慣性」からくる「惰性」という日常的な感覚・イメージに抗して，「慣れ」は一種の能力なのである。もっというと，「慣れ」とは，主体が自分自身をできる限り物（対象）にしたがわせていこうとする企み，その意味で自己否定（自己変容）をともなうのである。見方を換えれば，「慣れ」は，専ら，物（対象）に自らをしたがわせることを通して形成された能力である。したがって，それは，自分自身を忘却して，物（対象）そのものをあるがままに受けとめようとする自己自身の真摯な構えの表れなのである。

　このように，わざの世界における物（道具）を通しての，物（対象）との反復的，調整的なかかわりのうちには，自分自身を物（対象）にしたがわせるという自己否定の要素が含まれている。そして，そのことをわが身で覚知し，徹

底的に実践することが，主体をエキスパートの域に至らせるのである。しかも，こうした物（対象）との反復的，調整的なかかわりの果てに，主体にとってまったく未知であった物（対象₁）が，次第に何となく親しみのある物（対象₂）へ変容する（〈対象₁≠対象₂〉）。こうした事態は，主体にとって物（対象）の道理が「頭の中で」分かることを意味しない。むしろそれは，未知なるものが既知なるものへと自然にかつ徐々に変容することを意味する。その意味で，既知は未知の繰り返しなのである。いわば，刻（とき）の連なりの中で，未知である物（対象）も，それを分かろうとする主体も，ともに少しずつ変容して，次第に双方が通じ合うところまで歩み寄ることになる。主体にとって未知である物（対象）は，両者の相互的なかかわりの中にありながらも，主体が物（対象）に合わせて自らを否定する，すなわち自己変容するとき初めて，出会うことができるのである。もしかすると，物は，偏狭な自我意識の殻を消滅させるように，その主体に働きかけているのかもしれない。わざの世界における「慣れ」には，こうした物（対象）との謙虚なかかわりのうちに，主体が自己否定するという契機が潜在しているのである。

　いま述べたわざの世界における（道具を通しての）物とのかかわりについて述べておきたいことがある。それは，「慣れ」とともに，わざの世界で形成される「直観」について，である。辻本悟史が脳科学の立場から述べるように，「直観」は，「瞬時にインスピレーションが湧く」という「直感」とは異なり，「精神が対象を直接に知的に把握する作用」（広辞苑第六版）を意味することから「熟練した脳が推理などを経ずとも直接に対象を捉える」［辻本悟士，2015：56］ことである。脳画像では，熟達者の直観（直観的思考）にかかわる脳の部位は，前頭前野ではなく，進化的に「古い脳」と呼ばれる大脳基底核である［同前：54］。繰り返しによる訓練（習熟）によって「直観」を習得した専門家（熟練者）においては，大脳基底核が自動的にかつ無意識的に稼働しているのだ。訓練の積み重ねによって高度な「直観」が習得されるわけであるが，それは，大脳基底核のような古い脳，すなわち低次脳フレームワークに基づくの

96

である。その意味においても，主体と物（対象）の幾度にも及ぶかかわりは，低次脳フレームワークに基づく「直観」を形成するのだ。つまり，低次脳フレームワークは，生体（人間）と物（対象）とのかかわりを促進するベースとなる。

　以上のことから，低次脳フレームワークから物（対象）とのかかわり方を捉えるとき，実在論を擁護し得るという結論に到る。よくよく考えると，哲学の大問題としての「観念論／実在論」からして，これは高次脳フレームワークが作り出した問題なのではなかろうか。つまり，近代哲学が前提かつベースとする言語表象に基づく限り，「観念論／実在論」という問題は解決し得ないのである。この問題そのものをリセットすれば，「観念論／実在論」という対立は，実は，観念論という閉域の内部の問題にすぎないことがわかる。前述したように，レーニンの唯物論を再評価し得るのは，レーニン自身，こうした観念論に陥ることを恐れなかったことにある（評価し得るのは，ただこの一点のみである）。というのも，一旦，こうした観念論の立場に立たないと，それを内破することはできないからである。

　繰り返すと，「観念論／実在論」という枠組みそのものが，観念論のそれ，正確には，メタ観念論のそれ——{メタ観念論（観念論／実在論）}と示される——なのである。もっとも，白井ならば，「〈観念論／唯物論〉＝観念論／唯物論」と示すであろうが……。レーニンはこうした隠れ観念論，すなわちメタ観念論の罠に嵌まることに自覚的であったのだ。

　低次脳フレームワークから実在論を構築すると，科学的実在はさておき，日常世界およびそれを道具の熟達性によって高められたわざの世界において，物（対象）の実在は主体と物のかかわり合いの渦中にリアリティをもって立ち現われてくる。このとき，物の実在性を論証してくれるのは，触覚であると考えられる。主体のからだと物（対象）とのかかわり合いは，触覚における「触れる－触れられる」という感覚の二重性（身体の両義性）において生成されてくる。高次脳フレームワークおよび自然科学の枠組みさえ，一旦，リセットすれ

ば，人間にとって触覚を通した，物のリアリティが甦ってくるのである。わざの世界まで到らなくてもよい。そのことは，日常世界においても十分実感することができるのだ。

　最後に繰り返し強調したい。「観念論／実在論」の対立は，実際のところ，高次脳フレームワークおよび言語表象が作り出した似非問題である，と。この世は，私たちにとって確かに実在するのであり，そのことを触覚で実感し得ているからこそ，リアリティに満ちているのである（ただ，科学的実在のような実在をどのような方法で捉えることができるか，それ以前に，こうしたこと自体可能なのかは，残された課題となる）。

7．観念論と実在論の分水嶺
——高次脳／低次脳フレームワーク論の効用

　以上，本章では，「情報プラトニズム」の問題を皮切りに，物質が情報へと還元され，脱物質化される趨勢の中で，「物質」を中心に実在論を復活させる理路を模索してきた。こうして，実在論を擁護するプロセスで，意外なことにも，私たちが暗黙裡に受容している素朴実在論がクローズアップされてきた。裏を返すと，科学哲学が研究対象とする，科学的実在論や反実在論は，あまりにも特殊であることから，観念論／実在論の問題を解決する上での手がかりとはならないのだ。

　素朴実在論は，私たち（の視点）とは関係なく，物が実在していることを確信する立場の謂いである。私たちが"20階から飛び降りる"ことをしないのは，素朴実在論を前提としているからである。

　これに対して，正統の唯物論（＝弁証法的唯物論）は，物質の実在性を前提とするが，実は，唯物論は高度な観念論によって成り立っている。筆者は，唯物論を「超越論的主体」が隠れた「メタ観念論」であると論破（内破）した。

　さらに，正統の唯物論を新しいレーニン解釈に基づいて構築した，白井や中

沢の「ネオ唯物論」は，それ自体，秀逸な思考であるが，それでも，彼らが唱える「物質の実在性・第一次性」の成立根拠は，正統の唯物論よろしく，（隠れた）超越論的主体に求めざるを得ない。彼らもまた，メタ観念論という錯誤によって実在論を構築しているにすぎない。評価すべきなのは，彼らが正統の唯物論を観念論にすぎないことを見抜いて，その「外部」に新しい実在論を構築しようとしたことである。彼らは徹底的に思考し抜くことによって，思考し得ないもの，対象化し得ないものを見出したのだ。

しかしながら，彼らはこの，思考し得ないもの，対象化し得ないものを，「物質の実在性・第一次性」という形で思考し得るものへと置き換えてしまった。その意味で彼らの新しい唯物論もまた，メタ観念論，総じて観念論にすぎない。

このように，実在論を提唱する思想家は，なぜ，隠れた超越論的主体によってメタ観念論，ひいては観念論に陥ってしまうのであろうか。それは，筆者が高次脳／低次脳フレームワーク論を手がかりに論証したように，実在論を構築する思想家が高次脳フレームワークを前提に自らの認識様式を展開しているからである。

結論から述べると，高次脳フレームワークを前提に思考するとき，必ず，観念論に帰着する。つまり，私たちが高度な内省や反省によって思索するとき，すでに高次脳フレームワークに依拠してしまっているのである。ここには，ゆるやかな形で，心的活動（意識的な認識作用）と脳（高次脳）は対応している。

これに対して，低次脳フレームワークを前提に行動するとき，必ず実在論に帰着する。つまり，私たちが身近な物を道具として用いて行動したり，その物（道具）を介して物（対象）とかかわるときすでに，低次脳フレームワークを前提にしているのである。すでに述べたように，わざの世界では職人が物を巧みに道具として用いて，物（対象）とかかわる中から，作品を生み出しているが，彼らの行動もまた，低次脳フレームワークに基づいている。

ところで，低次脳フレームワークは，筆者のいう「行動」に，「高次脳フレームワーク」は「意識」に，各々，対応している。見方を換えれば，本書の主

99

題である、「行動」と「意識」は、各々、脳についての理論、すなわち低次脳フレームワークと高次脳フレームワークを言い換えたものにすぎない。そのことを、前出の図1（図1・B）に高次脳／低次脳フレームワーク論を付け加えると、図6のようになる。

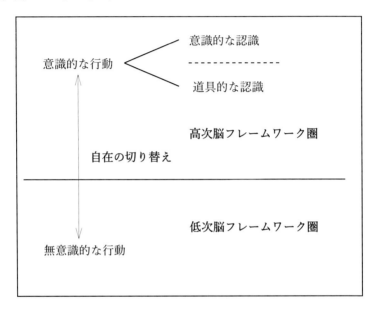

図6　高次脳フレームワーク（意識）／低次脳フレームワーク（行動）

　ここに到って、素朴実在論が決して無視し得ない実在論であることが判明してくる。素朴実在論は、実は、低次脳フレームワークを前提に、私たちが暗黙裡にかつ素朴に確信・信憑している、生きられる実在論なのである。それを高次脳フレームワーク、すなわち神経科学の高度な知識によって否定することは容易である。にもかかわらず、否定されても、私たちは相変わらず、素朴実在論を確信・信憑し続けるであろう。いま、高次脳フレームワーク（「意識」）に基づいて内省を行い、思索しても、次の瞬間、それが低次脳フレームワーク（「行動」）に自在に切り替えられることが常態なのである。

　極論すると，科学哲学が研究対象とする，科学的実在論や反実在論などを別にすれば，「観念論／実在論」の対立は，私たちが生来，ビルトインしている低次脳フレームワークと高次脳フレームワークといった，相矛盾する認識様式のフォーマットに収斂すると考えられる。

　本論の序からⅣ章まで読んだ上でこの補章を読んだ方は，再び，序もしくはⅠ章へ戻って，高次脳／低次脳フレームワーク論と「行動」／「意識」を関連づけながら，再読して欲しい。Ⅱ章の文末の覚書をご覧になって，Ⅱ章から補章へジャンプした方は，新実在論について詳述したⅢ章へ戻って読んで欲しい。いずれにしても，本論と補章のあいだで，思考はループしているのである。

文　献

Berger,P.L.& Luckmann,T.　1967　The Social Construction of Reality：A Treatise in the Society of Knowledge, Anchor Books.（P.L.バーガー，T.ルックマン，山口節郎訳『日常世界の構成——アイデンティティと社会の弁証法——』新曜社，1977年／山口節郎訳，『現実の社会的構成——知識社会学論考——』（新版），新曜社，2003年。）

Beauregard,M.　2012　The Scientific Battle over Existence of the Mind and the Proof：The Will Change the Way we Live our　Lives, Harper Collins Pub.（M.ボーリガード，黒澤修司訳『脳の神話が崩れるとき』角川書店，2014年。）

Bruner,J.S.,Olver,R.R.,Greenfield,P.M.　1966　Studies in Cognitive Growth, John Wiley.（J.S.ブルーナー他，岡本夏木，他訳『認識能力の成長　上』明治図書，1968年。）

Dagognet,F.　1989　Rematérialiser：Matières et Matérialismes, J.Vrin.（F.ダゴニェ，大小田重夫訳『ネオ唯物論』法政大学出版局，2010年。）

藤本　一勇　2013　『情報のマテリアリズム』NTT 出版。

Gabriel,M., Žižek,S.　2009　Mythology, Madness, and Laughter：　Subjectivity in German Idealism.（M.ガブルエル，S.ジジェク，大河内泰樹・齋藤幸平監訳『神話・狂気・哄笑——ドイツ観念論における主体性——』堀之内出版，2015年。）

Gabriel,M.　2013　Warum Es Die Welt Nicht Gibt, Ullstein Buchverlag GmbH.（M.ガブルエル，清水一浩訳『なぜ世界は存在しないのか』講談社，2018年。）

Gabriel,M.　2015　Ich ist nicht Gehirn：Philosophie des Geistes für das 21. Jahrhundert., Ullstein Verlag GmbH.（M.ガブルエル，姫田多佳子訳『「私」は脳ではない——21 世紀のための精神の哲学——』講談社，2019年）。

Gabriel,M.　2018　「なぜ世界は存在しないのか——〈意味の場の存在論〉の〈無世界観〉——」（加藤紫苑訳），『ニュクス』05，320-338 頁。

Gibson,J.J. 1979 **The Ecological Approach to Visual Perception**, Houghton Mifflin Company. (J.J.ギブソン, 古崎敬他訳『生態学的視覚論』サイエンス社, 1985 年。)

Heidegger,M. 1976 **Sein und Zeit (Gesamtausgabe, Bd.2)**, Klostermann,V. Tübingen.

廣中 直行 2003 『快楽の脳科学——「いい気持ち」はどこから生まれるか——』日本放送出版協会。

池田 昌昭 2004 『反映と創造』創風社。

Kant,I. 1787 **Kritik der reinen Vernunft.** (I.カント, 篠田英雄訳『粋理性批判』岩波書店, 1961-1962 年。)

Mach,E. 1921 **Die Mechanik in ihrer Entwicklung: Historisch-Kritisch dargestellt von Ernst Mach**, Brockhaus. (E.マッハ, 伏見譲訳『マッハ力学——力学の批判的発展史——』講談社, 1969 年。)

Meillassoux, Q. 2006 **Après la Finitude：Essai sur la Nécessité de la Contingence**, Seuil. (Q.メイヤスー, 千葉雅也, 大橋完太郎, 星野太訳『有限性の後で——偶然性の必然性についての試論——』人文書院, 2016 年。)

道又 爾 2009 『心理学入門一歩手前——「心の科学」のパラドックス——』勁草書房。

中井 孝章 2015a 『授業者は昆虫型ロボット Genghis の夢を見たか』日本教育研究センター。

中井 孝章 2015b 『観念論者はレーニンの夢を見たか——実在論の擁護——』日本教育研究センター。

中井 孝章 2017a 『驚きの存在論 Ereignis（エルアイクニス)』日本教育研究センター。

中井 孝章 2017b 『速い思考／遅い思考——脳・心の二重過程理論の展開——』日本教育研究センター。

中井 孝章 2019 『進化論的アップデート——道徳は教えられるか——』日本教育研究センター。

104

中沢　新一　1994　『はじまりのレーニン』岩波書店。

Neisser,U.　1976　Cognition and Reality: Principles and Implications of Cognitive Psychology, W.H.Freeman and Company.（U.ナイサー，古崎敬・村瀬旻訳『認知の構図——人間は現実をどのようにとらえるか——』サイエンス社，1978 年。）

岡崎　龍　2015　「訳者解説」，M.ガブルエル，S.ジジェク，大河内泰樹・齋藤幸平監訳『神話・狂気・哄笑——ドイツ観念論における主体性——』堀之内出版所収，329-341 頁。

清水　一浩　2018　「訳者あとがき」，M.ガブルエル，清水一浩訳『なぜ世界は存在しないのか』講談社，295-303 頁。

白井　聡　2015　『「物質」の蜂起をめざして——レーニン，〈力〉の思想——』作品社。

戸田山和久　2005　『科学哲学の冒険——サイエンスの目的と方法をさぐる——』日本放送出版協会。

戸田山和久　2015　『科学的実在論を擁護する』名古屋大学出版会。

辻本　悟史　2015　『大人の直観 vs 子どもの論理』岩波書店。

Uexküll,J.J.v., Kriszat,G.　1934　Streifzüge durch die Umwelten von Tieren und Menschen, S.Fischer Verlag／Frankfurt am Main.（J.J.v.ユクスキュル，G.クリサート，日高敏隆・野田保之訳『生物から見た世界』思索社，1973 年。）

Zarkadakis,G.　2015　In our own Image：Will Artificial Intelligence Save or Destroy us ?, Ridel Books.（G.ザルカダキス，長尾高弘訳『AI は「心」を持てるのか——脳に近いアーキテクチャ——』日経 BP 社，2015 年。）

あとがき

　本書を書き終えてみれば，いままでなぜこれくらいのことに気づかなかったのかという程度のことを紆余曲折しながら論述したにすぎない。本書を通して筆者は，私たち人間が，「行動」と「意識」もしくは無意識的な行動と意識的な行動を暗黙裡に自在に切り替えていることを述べただけである。しかも，本書を前著と関連づけると，「行動」は低次脳フレームワークに，「意識」は高次脳フレームワークに，各々，対応していることがわかる。

　まず何よりも重要なことは，「行動＝低次脳フレームワーク」／「意識＝高次脳フレームワーク」という明確な区別するということである。これについては，もはや説明するまでもない。そのことに加えて，それ以上に重要なことは，「行動＝低次脳フレームワーク」／「意識＝高次脳フレームワーク」についての理論によって，これまでの認識論，特に「実在論／観念論」についての誤謬と混同を是正するということである。

　とりわけ，唯物論（弁証法的唯物論）の認識論的誤謬によって——これに社会主義革命の失敗も加わって——，これまで実在論は，否定されてきた。そこで筆者は，再度，唯物論について再考するプロセスの中で，素朴実在論を有力な実在論として取り上げてきたのである。それにしてもこれまで，なぜ素朴実在論は評価されてこなかったのか。その理由は意外なものであった。それは，素朴実在論が動物と共通する低次脳に基づく認識様式だからである。

　裏を返せば，そもそも，実在論は「素朴」実在論であって，低次脳の働きによって生み出されるわけである。奇妙な言い方になるが，「行動」—「無意識的な行動」—「低次脳フレームワーク」は，意識の対象（「意識」—「意識的な行動」—「高次脳フレームワーク」）とはなり得ないのだ。「行動」を記述するには，アフォーダンス理論のように，「行動」と適度な距離を採ることができる科学が必要なのである。

　本書の結論は，「行動」／「意識」に基づく，修正版・新実在論に集約され

るわけであるが，今後，修正版・新実在論は，本論でも言及したように，暗黙知理論を経由して，意味の場の存在論を意味のプロジェクション論へ進展させる予定である。具体的に述べると，意味のプロジェクション論は，前著『〈生きられる〉プロジェクション』を底本に大幅に書き改める予定である。

令和3年6月7日

著　者

著者略歴

中井孝章（なかい　たかあき）
1958年大阪府生まれ。現在，大阪市立大学生活科学研究科教授。学術博士。
主著：『学校知のメタフィジックス』三省堂／『学校身体の管理技術』春風社
単著（〈2010年〉以降）：
『子どもの生活科学』日本地域社会研究所＋hontoから電子ブック刊行
『配慮（ケア）論』大阪公立大学共同出版会
『忘却の現象学』，『イメージスキーマ・アーキテクチャー』，『無意識3.0』三学出版
『空間論的転回序説』大阪公立大学共同出版会
『教育臨床学のシステム論的転回』大阪公立大学共同出版会
『〈心の言葉〉使用禁止！―アドラー心理学と行動分析学に学ぶ―』三学出版
『カウンセラーは動物実験の夢を見たか』大阪公立大学共同出版会
『驚きの因果律あるいは心理療法のデイストラクション』大阪公立大学共同出版会
『防衛機制を解除して解離を語れ』大阪公立大学共同出版会
『脱感作系セラピー』[脳・心のサイエンス1]日本教育研究センター
『離人症とファントム空間』[脳・心のサイエンス2]日本教育研究センター
『頭足類身体原論』大阪公立大学共同出版会＋日本教育研究センターから頭足類身体シリーズ刊行
『ケア論Ⅰキュアとケア』『ケア論Ⅱマザリング』『ケア論Ⅲ当事者研究』日本教育研究センター
『〈子どもが「指導」に従いながら同時に「自立」する〉教育の可能性』デザインエッグ社
『カプグラ症候群という迷路』[脳・心のサイエンス3]日本教育研究センター
『〈生きられる〉プロジェクション』日本教育研究センター
『進化するシンローグ：共話と協話』日本教育研究センター
『「楽しさ」の習慣論：進化論的アプローチ』日本教育研究センター
『スマートフォン依存症の正体：オンライン後の「子ども」たち』日本教育研究センター
『オンライン前夜の子ども：電子メディア時代の問題群』日本教育研究センター
『生存のための身体信号（ソマティックマーカー）』[脳・心のサイエンス4]日本教育研究センター
『言語の遊戯論的転回：聖・俗から遊へ』デザインエッグ社
『〈狂い〉を生きられる子ども：なぜ3歳未満の乳幼児に注目するのか』デザインエッグ社
『憑依と背後の身体空間：共同信憑から個人信憑へ』日本教育研究センター
『アブダクションの実装』日本教育研究センター
共著：『ぬいぐるみ遊び研究の分水嶺』（堀本真以氏との共著）大阪公立大学共同出版会

行動と意識　Ⅰ：実在論に基づく認識様式

2021年 7月20日　初版発行
著者　　　　中井孝章
発行者　　　岩田弘之
発行所　　　株式会社　日本教育研究センター
〒540-0026　大阪市中央区内本町2-3-8-1010
　　　　　　TEL.06-6937-8000　FAX.06-6937-8004
　　　　　　https://www.nikkyoken.com/

ISBN　978-4-89026-215-1　C3037
Printed in Japan